Georg Weindl

DIE SCHÖNSTEN LOIPEN

zwischen Allgäu und Berchtesgaden

BRUCKMANN

Inhalt

Einleitung

Die Tourengebiete

Die verwendeten Symbole bedeuten:

- ○ leicht
- ◐ mittel
- ● schwer

- Einkehr/Hotel
- Kirche/Kloster
- Museum
- Schloß/Burg
- Bademöglichkeit
- Parkmöglichkeit
- Bushaltestelle
- Bahnhof
- Seilbahn
- ▲ Gipfel

Auf zwei Brettern durch schöne Landschaften liegt im Trend.

Langlauf war gestern, Nordic Fitness ist heute

Wie sich die Zeiten ändern. Bis vor kurzem galt der Langlauf noch als Sportart für Asketen und Menschen, die mit Sport eher Anstrengung und wesentlich weniger Vergnügen verbinden. Sich in der kalten Winterlandschaft auf zwei schmalen Brettern über viele Kilometer quälen, das schien den Menschen weitaus weniger schwungvoll, als mit dem Snowboard oder Carvingski die Hänge hinunterzusausen. Das war gestern. Heute redet man nicht mehr von Langlauf, sondern von »Nordic Fitness«. Natürlich braucht es mal wieder einen schönen griffigen Namen aus dem Sortiment der Anglizismen. Aber der Zweck heiligt die Mittel, und letztlich ist es nur eine Verpackungsfrage.

Dass gerade in Deutschland der Langlauf enorm an Popularität gewonnen hat, dürfte mehrere Gründe haben. Einer ist zweifellos die Erfolgsserie der Langläufer und Biathleten mit der entsprechenden Medienpräsenz. Und was die Topathleten vormachen, kann man ja beim Langlauf im Gegensatz zum Skispringen relativ problemlos nachexerzieren. Für den Biathlon gilt das freilich mit Abstrichen, auch wenn man in einigen Biathlon-Hochburgen wie in Hochfilzen, im Antholzer Tal oder in Osttirol schon Schnupperkurse für Urlaubsgäste anbietet. Frei herumlaufen mit dem Kleinkalibergewehr dürfen die Biathlon-Eleven allerdings nicht. Geschossen wird nur unter Aufsicht.

Ein anderer, etwas tiefer gehender Grund ist wahrscheinlich das wachsende Gesundheitsbewusstsein der Menschen. Das hat auch wieder mit den Medien zu tun, die uns alle mit schönen, perfekt gestylten Titelbild-Figuren konfrontieren, was offensichtlich nicht ohne Wirkung bleibt. Die einen treiben plötzlich Sport, die anderen lassen sich mit 18 das erste Mal Fett absaugen. Jeder will eben auf seine Weise schön werden. Aber auch unser marodes Gesundheitssystem trägt dazu bei, dass die Menschen plötzlich mehr an Prävention denken und sich einen aktiveren und bewussteren Lebensstil zulegen. Langlaufen ist, wie allgemein bekannt, eine der gesündesten Sportarten. Und das kommt daher, dass beim Ausdauersport Langlaufen der Muskulatur verstärkt Sauerstoff zugeführt werden muss. Um die erhöhte Sauerstoffmenge zu transportieren, die in der Lunge von den roten Blutkörperchen aufgenommen, mit dem Hämoglobin verbunden und weitertransportiert wird, muss der Herzmuskel verstärkt Blut in das Adernsystem pumpen. Nun wird dieser Herzmuskel auf Dauer so trainiert, dass er wesentlich höhere Belastungsreserven bekommt als der eines untrainierten Zeitgenossen. Oder anders ausgedrückt: Das trainierte Herz verschleißt auf Dauer weniger. Nebenbei bemerkt werden beim Langlaufen auch weitaus mehr Muskelpartien trainiert als bei anderen Sportarten. Ein alpiner Skiläufer müsste da schon zu Fuß und nicht mit dem Lift den Berg erklimmen, um ähnliche Trainingseffekte zu erzielen.

Abgesehen davon ist Langlaufen nicht nur gesund, es macht auch Spaß. Man bewegt sich zumeist in herrlichen Winterlandschaften. Zum Trainingseffekt kommt noch der psychische Aspekt: Man kann Stress abbauen, genießt die Atmosphäre. Man fühlt sich wohl. Weit weg vom Alltag. Und es kostet (fast) nichts. Denn außer der Ausrüstung und dem zuweilen vakanten Obolus für die Loipenpflege hat man kaum etwas zu bezahlen. Und die zwei oder drei Euro Loipengebühr, die da und dort verlangt werden, wird man gerne opfern. Denn billig ist die Präparierung mit den teuren Maschinen keineswegs. Wie auch immer. Im Vergleich zum Alpinskifahrer lebt man erheblich gesünder und billiger. Ob es nun Nordic Fitness oder einfach nur Langlaufen heißt.

Skating: die dynamische Art des Langlaufens

Wie man sich ausrüstet, so läuft man

Schön wär's ja. Aber die Technik und die Kondition spielen selbstverständlich eine wichtige Rolle. Trotzdem – die Ausrüstung hat natürlich große Bedeutung. Und hier wird es, wie im richtigen Leben, auch immer komplizierter. Denn spätestens seitdem es zwei Arten von Langlauftechnik gibt, erhöht sich für den unbedarften Langlaufeinsteiger auch das Fehlerpotenzial. Zu kurze Stöcke oder niedrige Schuhe für die Skatingtechnik? Kommt vor und kann den Spaß ziemlich verderben.

Die Grundsatzfrage

Ganz so schlimm wie bei den Alpinski, wo es für den Freizeitfahrer ein unübersichtliches Angebot an Carvingmodellen gibt, ist es natürlich nicht. Aber da ist zunächst die Grundsatzfrage: klassisch oder Skating? In der Loipe, zumindest in der öffentlichen und damit im Alltag, ist diese Frage längst entschieden. Sportliche Langläufer skaten. Der Diagonalschritt entwickelt sich zunehmend zur Domäne der Skiwanderer. Was ja auch wieder ungerecht ist, denn im Leistungssport spielt die klassische Technik nach wie vor eine wichtige Rolle. Aber spektakulärer, eleganter und vor allem schneller ist halt der Skater.

Die Ski

Es gibt drei verschiedene Arten von Langlaufski, wobei im Alltag nur die beiden ersten eine wichtige Rolle spielen.

- Ski für die klassische bzw. Diagonal-Technik
- Skating-Ski
- Varianten-Ski

Der Ski für die klassische Technik unterscheidet sich optisch vor allem durch die stärkere Krümmung. Sie ist erforderlich, damit der mittlere Bereich des Skis während des Schwungnehmens aufliegt und Kontakt zum Schnee hat. Dieser Bereich ist es auch, der dann entsprechend präpariert ist – entweder als Nowax-Ski mit einer speziellen Oberflächenstruktur oder als Wachs-Ski mit Wachs oder Klister. Typisch für die klassischen Bretter ist auch eine stärkere Krümmung der Spitze im Vergleich zum Skatingmodell, was sich aus der Schritttechnik und der diagonalen Lage des Skis ergibt.

Im Gegensatz dazu ist der Skating-Ski an der Spitze wesentlich weniger gekrümmt, weil er im normalen Lauf kaum den Boden und damit die ebene Position verlässt.

Bei den Varianten-Ski handelt es sich um Ausführungen für besondere Einsätze. Da gibt es etwa breitere Modelle für das Skiwandern, wo es weniger auf Geschwindigkeit, sondern auf kommodes Dahingleiten ankommt. Dort geht man mehr, wie es der Name schon andeutet, als dass man läuft.

Der klassische Stil hat weiterhin viele Anhänger.

Ziemlich neu ist nun, dass es auch bei den Langlaufskiern Carvingmodelle gibt. Die Taillierung verspricht bessere Kontrolle über den Ski während der Gleitphase. Mit der breiten Schaufel soll eine höhere Stabilität erreicht

Für jeden Stil gibt es spezielle Ski.

werden. Ähnlich wie im alpinen Skisport offerieren die Hersteller verstärkt spezielle Modelle für Damen. Und zwar nicht nur bei den Schuhen, was ja selbstverständlich ist, sondern auch bei den Skiern. Mit einer weicheren Flex wird auf die speziellen Anforderungen der weiblichen Langläufer eingegangen. Zudem will man mit kürzeren Skilängen und breiterer Plattform im Vorfußbereich und dem schmalsten Punkt hinter dem Schuh mehr Kontrolle und Beweglichkeit möglich machen.

Die Länge des Skis hängt von verschiedenen Faktoren ab. Im klassischen Stil ist ein zu langer Ski einem ungeübten Läufer bei weitem nicht so lästig wie beim Skating. Während Könner mit langen und kraftvollen Schritten laufen, neigen Einsteiger zu kurzen und damit eher kraftlosen Schritten, was ja auch verständlich ist, weil man meist noch wackelig auf den schmalen Brettern steht. Und dann geschieht es schnell, dass sich die Skienden kreuzen und der Lauf eine, vorsichtig ausgedrückt, gewisse Disharmonie erfährt.

Die Ski sollten generell zwischen 10 und 25 Zentimeter länger als die eigene Körpergröße sein. Dabei gilt die Regel, dass man sich bei der klassischen Technik bei etwa 20 Zentimeter Überlänge, bei der Skatingtechnik eher bei 10 Zentimeter Überlänge orientiert. Nicht ganz unwichtig ist auch die Skibreite. Grundsätzlich rangiert die Breite der Langlaufski zwischen 45 und 55 Millimeter. Je schmäler der Ski, desto höher das Können, so die Faustregel. Neben dem Können spielt natürlich auch noch das Gewicht eine Rolle. Wer unsicher ist, der sollte seine Langlaufski nicht an der Tankstelle, sondern in einem Fachgeschäft beschaffen.

Die Bindung

Es gibt zwei verschiedene Bindungssysteme, die auf dem Markt etabliert sind: das Salomon Nordic System und die New Nordic Norm von Rottefella. Auf den ersten Blick sehen Bindungen ziemlich gleich aus. Der Unterschied steckt im Detail. Die Fixierung des Schuhs in der Bindung ist mit einer Federung gekoppelt, die dafür sorgt, dass beim Bewegen des Skis keine heftige Gegenbewegung ausgelöst wird. Bei der klassischen Technik ist diese Federung weicher als beim Skating. Relativ neu sind Bindungen, bei denen der Schuh mit einem zusätzlichen Metallhaken fixiert wird. Der Vorteil: mehr Stabilität und bessere Kraftübertragung.

Vor allem bei kurvigen Abfahrten macht sich die erhöhte Stabilität bemerkbar.

Bei der Bindung ist die Kraftübertragung wichtig.

Die Stöcke

Da mag sich so mancher Langlauf-Einsteiger wundern. Stöcke kann man kaufen für 20 Euro, aber auch für deutlich mehr als 100 Euro. Stöcke sind doch Stöcke. Oder? Keineswegs, auch wenn die optischen Unterschiede vielleicht nicht so spektakulär sind. Die billigste Lösung, das sind Stöcke aus Aluminiumlegierungen, robust und solide, aber auch vergleichsweise schwer. Dem ambitionierten Läufer gefällt das natürlich nicht. Er wählt Stöcke aus Karbon oder Kevlar, wenigstens aus Glasfasermaterial. Teure Stöcke sind üblicherweise nicht nur leichter, sie bieten auch ergonomische Vorteile. Die Griffe, meist aus Leder oder Kork, wirken deutlich handlicher und angenehmer. Was man nun braucht oder sich leisten will, hängt letztlich vom persönlichen Geschmack und Leistungsniveau ab.
Was die Länge angeht, da gibt es dafür fixe Regeln. Für die klassische Technik rechnet man zwischen 80 und 85 Prozent der Körpergröße. Die Stöcke für die Skatingtechnik sind noch ein Stück länger, was für die Umsetzung der Kraft beim Abstoß erforderlich ist. Faustregel: Etwa 90 Prozent der Körperlänge oder simpel ausgedrückt: Stockspitze etwa an der Nasenspitze. Damit ist die Voraussetzung für die optimale Kraftübertragung gegeben.

Schuhe

Da gilt natürlich, was bei allen anderen Sportschuhen grundlegend ist. Der Schuh muss gut am Fuß anliegen, darf aber nicht drücken. Damit der Abdruck beim Laufen optimal ist, braucht man nicht nur die bestmögliche Passform, sondern auch einen entsprechend strukturierten Schuh. Für die klassische Technik gibt es flache wie auch halbhohe Modelle. Die halbhohe Variante unterstützt die Sprunggelenke besser und sorgt somit dafür, dass der Läufer eine stärkere Kontrolle während des Laufens hat. Die fla-

cheren Schuhe bieten dagegen mehr Flexibilität und Bewegungsspielraum, was vor allem sportlichere Läufer schätzen. Und die sind aufgrund ihrer technischen Fertigkeiten auch weniger auf die stützende Wirkung angewiesen.

Hohe Schuhe für die Skatingtechnik

Typisch für Skatingschuhe sind der hohe Aufbau und die ebenfalls höhere Steifigkeit. Im Vergleich zum Diagonalschritt ist beim Skaten auch der Spreizwinkel zwischen Ski und Schuh wesentlich geringer. Gerade für den weniger geübten Skater ist die stabilere Verbindung zwischen Schuh und Ski von Vorteil, weil er damit mehr Sicherheit beim Skaten und damit eine bessere Kraftübertragung gewinnt. Spitzenmodelle gibt es mittlerweile mit Carbonplatten, die nicht nur leichter sein, sondern auch während der Biegephase Energie speichern können sollen.

Gute Kleidung erhöht das Vergnügen.

Wer zwischen Diagonalschritt und Skatingtechnik wechselt, ohne dafür zwei verschiedene Schuhe kaufen zu wollen, der kann auf Kombimodelle zurückgreifen, bei denen spezielle Stabilisierungselemente für das Skaten zusätzlich fixiert werden können.

Kleidung

Ob man sich nun topaktuell und profimäßig wie ein Leistungssportler in der Loipe präsentiert, das ist Geschmackssache. Wichtig ist freilich schon, dass die Kleidung funktionell und das Material der Bewegung angepasst sind. Ein Baumwoll-Trainingsanzug in der Loipe sieht nicht nur geschmacklos aus, er dürfte auch den Spaß am Langlauf deutlich mindern. Je nach Witterung sollte man möglichst viele dünne Schichten tragen und sich nach dem Zwiebelprinzip kleiden. Der Vorteil: Man kann je nach Wetterverhältnissen und Anstrengung die Kleidung dem Zustand und Wohlbefinden anpassen. Funktionsunterwäsche gibt den Schweiß an die äußeren Schichten weiter. T-Shirts aus Baumwolle sind nach der Anstrengung wie ein nasser Schwamm und alles andere als angenehm auf der Haut.

Rucksäcke sind im Allgemeinen praktisch, beim Langlauf eher störend, weil man in der Rückenpartie verstärkt Schweiß produziert. Deshalb reicht ein Hüftgurt mit einer Halterung für die wichtige Trinkflasche, denn bei längeren Loipenrunden braucht der Körper Flüssigkeit, und das macht sich unterwegs auch mit einem Energieschub bemerkbar. Wozu braucht man auch einen Rucksack? Langlaufen ist ja keine Expedition oder ausufernde Gebirgstour, wo man Lebensmittel und Wechselkleidung mitnehmen muss. Je leichter, desto schneller. Das ist in der Loipe genauso wie beim Radfahren oder im Motorsport.

Wachsen

Für die einen ist es wie ein Buch mit sieben Siegeln, die anderen sehen darin eine Herausforderung, einen Schlüssel zum optimalen Langlauferlebnis. Wie man dazu steht und welchen Aufwand man damit betreibt, ist Ansichtssache. Man kann sich mit simplen Sprays zum Auftragen begnügen oder aber mit höchstem Geräteeinsatz stundenlang die Laufflächen bearbeiten. Injeden Fall ist es besser als sich in der Loipe zu quälen.
Grundsätzlich unterscheidet man zwischen zwei verschiedenen Arten von Wachs: Gleitwachs und Haftwachs. Gleitwachs besteht aus Paraffinölen und erhöht die Gleitfähigkeit des Skis. Gleitwachse werden bei Klassik- und Skating-Ski verwendet, bei den Skatern auf der gesamten Lauffläche, bei den klassischen Ski werden sie nur auf den beiden Enden aufgetragen. Haftwachs hingegen wird beim klassischen Stil eingesetzt und soll das Zurückrutschen beim Abstoßen vermeiden. Man verwendet beim Haftwachs Klister für feuchten und vereisten Schnee sowie Kickwachs für trockenen Schnee und Neuschnee.
Bei beiden Wachsarten gibt es bestimmte Präparate für konkrete Temperaturbereiche. Gelb steht für wärmeren und Grün für kälteren Schnee. Dazwischen liegen die Farben Silber, Rot, Violett und Blau.
Die Laufflächen der Klassik- und Skating-Ski unterscheiden sich in einem wichtigen Punkt. In der Klassikversion besitzt der Ski in der Mitte die Abstoß- und am vorderen und hinteren Bereich die Gleitzone. Die Abstoßzone wird mit Haftwachs, die Gleitzone jeweils mit Gleitwachs bearbeitet.

Wenn der Ski beim Laufen abrutscht, ist womöglich die Haftzone zu kurz oder die Wachsschicht zu dünn aufgetragen. Gleitet der Ski hingegen schlecht, dann kann es sein, dass die aufgetragene Wachsschicht zu dick oder die Belagfläche vereist ist. Dann sollte man Wachs und eventuelle Eispartikel von der Belagfläche entfernen bzw. härteres Wachs verwenden.

Worauf man beim Wachsen noch achten sollte:

- Werden die Laufflächen vor dem Wachsen mit Schleifpapier der Körnung 100 bis 180 bearbeitet, erreicht man eine höhere Wachsaufnahme.
- Nach dem Schleifen sollte man die feinen Belagshärchen mit einer Nirostaklinge entfernen.
- Für das Auftragen von Heißwachs nur spezielle Bügeleisen verwenden. Konventionelle Bügeleisen besitzen eine zu hohe Temperaturstreuung.
- Beim Auftragen des Heißwachses darf es keine Rauchbildung geben (zu hohe Temperatur).
- Wer die Laufflächen mit einer rotierenden Bürste behandelt, für den empfehlen sich Mundschutz und Brille zum Schutz vor den aufgewirbelten Wachspartikeln.

Falsches Wachs: kleine Ursache, große Wirkung

Mit Sicherheit besser unterwegs

Die 10 FIS-Regeln für Langläufer
(FIS = Internationaler Skiverband)

1. Rücksichtnahme auf die anderen: Jeder Langläufer hat sich so zu verhalten, dass er keinen anderen gefährdet oder beschädigt.
2. Signalisation, Laufrichtung und -technik: Markierungen und Signale sind zu beachten. In Loipen ist in der angegebenen Richtung und Technik zu laufen.
3. Wahl von Spur und Piste: Auf Doppel- und Mehrfachspuren muss in der rechten Spur gelaufen werden. Langläufer in Gruppen müssen in der rechten Spur hintereinander laufen. In freier Technik ist rechts zu laufen.
4. Überholen: Überholt werden darf rechts oder links. Der vordere Läufer braucht nicht auszuweichen. Er sollte aber ausweichen, wenn er es gefahrlos kann.
5. Gegenverkehr: Bei Begegnungen hat jeder nach rechts auszuweichen. Der abfahrende Langläufer hat in der Loipe grundsätzlich Vorrang.
6. Stockführung: Beim Überholen oder Überholtwerden und bei Begegnung sind die Stöcke eng am Körper zu halten.
7. Anpassung der Geschwindigkeit an die Verhältnisse: Jeder Langläufer muss vor allem auf Gefällstrecken Geschwindigkeit und Verhalten seinem Können, den Geländeverhältnissen, der Verkehrsdichte und der Sichtweite anpassen. Er muss einen genügenden Sicherheitsabstand zum vorderen Läufer einhalten. Notfalls muss er sich fallen lassen, um einen Zusammenstoß zu vermeiden.
8. Freihalten der Loipen und Pisten: Wer stehen bleibt, tritt aus der Spur. Ein gestürzter Langläufer hat die Spur möglichst rasch frei zu machen.
9. Hilfeleistung: Bei Unfällen ist jeder zur Hilfeleistung verpflichtet.
10. Ausweispflicht: Jeder, ob Zeuge oder Beteiligter, ob verantwortlich oder nicht, muss im Falle eines Unfalls seine Personalien angeben.

Dynamisch war Langlauf auch schon früher.

Vom Schneeschuh zur Nordic Fitness

Gut 5000 Jahre dürfte es her sein, so wird allgemein vermutet, dass die Menschen im Norden Europas die Fortbewegung auf zwei schmalen Brettern entdeckten. Mit dem Schneeschuh ging es zwar ohne Einsinken voran, doch das Tempo blieb ausgesprochen langsam. Viel besser funktionierte es, wenn man auf Brettern über den Schnee gleiten konnte. Anfangs hatten die urzeitlichen Skipioniere noch einen langen Ski, den nutzte man fürs Gleiten, und einen kurzen, der wurde zum Abstoßen eingesetzt. Später wechselte man auf gleich lange Ski und behalf sich verstärkt mit Stöcken. Von Norwegen aus verbreitete sich der Langlauf dann über Finnland und das benachbarte Russland. Erste offizielle Aufzeichnungen liegen aus dem 16. Jahrhundert vor.

Weitgehende Konsequenzen hatte die Geschichte des Schweden Gustav Wasa, der sich mit seinen Langlaufski auf den langen Weg machte, um das Land aus Groll über die dänische Besatzung zu verlassen. Man holte ihn zurück und beschloss, gemeinsam einen Krieg gegen die Besatzer anzufangen. In Erinnerung an dieses Ereignis wurde 1922 der Wasalauf initiiert, womöglich das berühmteste, ganz sicher aber eines der anspruchsvollsten Volksrennen.

30 Jahre zuvor gründete man bei Oslo die Wettbewerbe am Holmenkollen.

Langlaufen etablierte sich zum Volkssport und blieb im Grundsatz immer gleich. Bis in die siebziger Jahre gab es ausschließlich den klassischen Stil des Diagonalschritts. Dabei wurden Material und Technik verbessert. Aber die Revolution kam Mitte der siebziger Jahre, als der finnische Rennläufer Pauli Siitonen mit dem Schlittschuhschritt Aufmerksamkeit erregte. Außer ihm gab es noch den Amerikaner Bill Koch, der 1976 bei den olympischen Wettkämpfen in Seefeld bei Innsbruck gegen die klassisch laufende Konkurrenz antrat und sich in der Spitze etablierte. In den folgenden Jahren wechselten immer mehr Rennläufer ins Lager der Skater, und so kam es zwangsläufig, dass sich die beiden Techniken Konkurrenz machten. Der Kompromiss sah dann so aus, dass man die Wettbewerbe parallel in beiden Stilen ausrichtete, und das ist auch heute noch so.

Im normalen Leben hat sich die Skatingtechnik ebenfalls etabliert. Dort freilich ist der Trend eindeutig: Sportliche Langläufer skaten. Der Diagonalschritt entwickelt sich zunehmend zur Fortbewegungsart der eher gemütlichen Skiwanderer. Das ist auch verständlich, denn für Anfänger ist die Skatingtechnik ungleich schwieriger zu lernen. Der komplizierte und dynamische Bewegungsablauf auf den schmalen Brettern verlangt Gefühl und Standsicherheit. Den Diagonalschritt beherrscht man zumindest für eine einfache Fortbewegung recht rasch. Und der gesundheitliche Effekt ist im Prinzip bei beiden gleich. Kritiker freilich bemängeln, dass die Skatingtechnik bei intensiver Anwendung wegen der unnatürlichen Bewegungsabläufe schädlich für den Bewegungsapparat sein könnte. Doch darüber scheiden sich in Langläuferkreisen die Geister.

Eleganz ist eine Frage des Trainings.

Und heute ist der Langlauf aus dem Wintersport ohnehin nicht mehr wegzudenken. Nordic Fitness heißt die Parole. Fit werden und sein mit nordischen Wintersportarten. Dabei dürfte natürlich vor allem der Langlauf gemeint sein. Das Skispringen scheidet vermutlich gänzlich aus, und Biathlon ist aufgrund der etwas komplizierteren Ausübung auch wenig geeignet. Man wird sehen, wo diese Entwicklung hingeht. Erste Anzeichen, dass aus dem schnöden Sport puristischer Konditionssportler eine Art Lifestyle-Freizeitbeschäftigung werden könnte, gibt es bereits. Langlaufevents im Stil der Red Bull Nordix im österreichischen Obertauern deuten das an. Ganz in der Art der Snowboarder treten dort Langläufer gegeneinander in einem Boardercross an. Ein schnelles Rennen mit schweren Anstiegen und Abfahrten und Steilwandkurven, bei denen es hart zur Sache geht. Das mag mit den Ursprüngen der skandinavischen Pioniere nicht mehr viel zu tun haben. Andererseits bieten sich dem Langläufer mehr Möglichkeiten denn je: von einsamen Läufen in idyllischer Winterlandschaft bis zum spektakulären Fun-Wettbewerb.

Schnell und spannend: Skatingrennen

Wettbewerbe für jedermann

Einen Hauch von Wettkampf gibt es auch im Loipenalltag.

Langlauf-Marathons gibt es seit vielen Jahren. Die Volksskiläufe sind einerseits Klassiker, andererseits gewinnen sie durch den Nordic-Boom weiter an Bedeutung. Für Ruhe suchende Romantiker sind diese Wettbewerbe natürlich nichts, wenn sich an die 12 000 Langläufer in die Loipen stürzen, um Strecken bis zu 70 Kilometer Länge zu absolvieren. Die bekanntesten Skimarathons gehören übrigens zur Worldloppet-Serie, einer Marathon-Veranstaltungsreihe, die Wettbewerbe nicht nur in Europa, sondern auch in Nordamerika, Japan und Australien umfasst. Aber so weit muss man nicht reisen. Zum nächsten Marathon ist es garantiert nicht weit.
Und wem das wieder zu konventionell ist, die Fun-Gesellschaft macht auch vor der Loipe nicht Halt. Red Bull Nordix ist ein typisches Beispiel dafür. Aber wilde Spektakel gab es auch früher schon: In Kössen in Tirol organisierte man bis vor einigen Jahren ein Buckelpistenrennen für Langläufer mit einer Art Le-Mans-Start: Erst ein Stück laufen, dann die Ski anschnallen und ab in die Buckelpiste. Wer es lieber konventionell mag, hier eine Übersicht der bekanntesten Langlaufveranstaltungen im Alpenraum.

König-Ludwig-Volkslauf (D) Rund um Oberammergau und Schloss Linderhof für klassische Technik und Skating, Strecken zwischen 23 und 55 Kilometer Länge und einen Mini-Kini mit 5 Kilometern für Kinder. Termin Ende Januar. Internet: www.koenig-ludwig-lauf.com

Koasalauf (A) Das Langlaufereignis in Tirol. Strecken zwischen 21 und 50 Kilometer rund um Kössen und St. Johann sowie Minikoasa mit 5 Kilometer. Klassisch und Skating. Termin im Februar. Internet: www.koasalauf.at

Dolomitenlauf (A) Lienz in Osttirol und das stille Gailtal sind Schauplatz dieses Rennens zwischen 25 und 65 Kilometer Länge. Für klassische Technik und Skating. Termin Mitte Januar. Internet: www.dolomitenlauf.com

Pustertaler Skimarathon (I) Von Toblach durch das Pustertal bis Olang, dann hinauf ins Antholzer Tal. Das ist die Strecke des Pustertaler Skimarathons im Januar. Zwischen 40 und 55 Kilometern kann man wählen. Gelaufen wird im freien Stil. Voraussetzung für die Teilnahme ist die Mitgliedschaft in einem nationalen Skiverband. Internet: www.ski-marathon.com

Gsieser Lauf (I) Ganz in der Nähe im Gsieser Tal, einem Seitental des Pustertals, findet dieser Volkslauf im Februar statt. Vom Talanfang bis hinter nach St. Magdalena führt die Strecke, die zwischen 28 und 42 Kilometer lang ist. Gelaufen wird klassisch und Skating. Internet: www.valcasies.com

Marcialonga (I) Ein Klassiker ist auch dieser Marathon im Fassatal im Trentino. Von Cavalese bis Canazei sind es maximal 70 Kilometer. Rund 5000 Teilnehmer – und das, obwohl bislang nur klassisch gelaufen wurde. Internet: www.marcialonga.it

La Sgambeda (I) Der vermutlich schneesicherste Marathon findet im Januar in Livigno an der italienisch-schweizerischen Grenze auf rund 1800 Meter Höhe statt. Zwischen Livigno und dem Forcolapass läuft man 42 Kilometer in klassisch und Skating. Termin im Dezember. Internet: www.lasgambeda.com

Engadin Skimarathon (CH) Vor traumhafter Kulisse zwischen Maloja und Zuoz, vorbei an St. Moritz, verläuft der Engadin Marathon. Die 42 Kilometer lange Strecke nehmen sich rund 12 000 Teilnehmer vor. Termin ist Mitte März.
Internet: www.engadin-skimarathon.ch

Nützliche Adressen

BAYERN

ADAC Info Service
Verkehrslage, Straßenzustand, Reiserouten
Tel.: 01805/10 11 12 (kostenpflichtig)

Bahn
Deutsche Bahn
Internet: www.bahn.de
Tel.: 118 61 (Reiseservice)
Tel.: 0800/150 70 90 (Fahrplanauskunft)

Bayern Tourismus
Internet: www.bayern.by
Tel.: 089/212 39 70

Regionalverkehr Oberbayern
Internet: www.rvo-bus.de
Tel.: 089/55 16 40

Wetterbericht
Deutscher Alpenverein
Internet: www.alpenverein.de
Tel.: 089/29 50 70
(Wetterbericht vom Band)

Deutscher Wetterdienst
Internet: www.dwd.de

TIROL

Alpinwetterbericht
Tel.: 0043/512/29 16 00 (persönliche Beratung: Montag–Samstag, 13–18 Uhr)
Tel.: 0900/91 15 66 80 (Tonband, nur von Österreich aus anrufbar)

Bahn
ÖBB
Internet: www.oebb.at
Tel.: 0043/5/17 17
(Fahrplan, Preise)

Postbus
Internet: www.postbus.at
Tel.: 0043/1/7 11 01

Schneebericht
Tel.: 0043/512/15 85 (Tonband)

Straßenbericht
ÖAMTC
Tel.: 0043/1/71 19 97
Tel.: 0043/512/15 00 (Tonband)

ARBÖ
Tel.: 0043/1/89 12 12 11

Tirol Info
Allgemeine Auskünfte über das Freizeitangebot in Tirol
Tel.: 0043/512/72 72
(Mo–Fr, 8–17.30 Uhr)

Informationen der Tirol-Werbung über Langlaufangebote im Internet: www.langlauf.tirol.at

1 Reutte

Variantenreich am Lech entlang

km 90 km

leicht bis mittel

Lage: Reutte liegt in einem Talkessel im Außerfern am Nordrand der Lechtaler Alpen direkt an der österreichisch-bayerischen Grenze. Der Großteil der Loipen verläuft entlang des Lechs.
Gesamtlänge: 90 km
Schwierigkeit: Leicht bis mittel
Kategorie: Klassisch und Skating
Anfahrt: *Auto:* Über die B 17 via Landsberg und Schongau bis Füssen oder über die Autobahn A 7 über Kempten und Füssen. Von dort kommt man über die Lechtalstraße nach Reutte.
ÖV: Reutte hat Bahnanschluss sowohl über Kempten wie über Garmisch-Partenkirchen.
Start: Das Loipennetz rund um Reutte bietet viele Varianten an. Am günstigsten ist der Ausgangspunkt beim Langlaufzentrum Waldrast, weil hier viele Loipen starten. Gerade die Lechtal-Loipen sowie die Hahnenkamm-Loipe eröffnen auch die Möglichkeit, von verschiedenen Startpunkten aus zu laufen.
Skiverleih: Gerd Huter, Ehrenbergerstraße, A-6600 Ehenbichl, Tel.: 0043/5672/6 24 43
Karl-Heinz Holl, Föhrenweg 13, A-6671 Weißenbach, Tel.: 0043/5678/58 20
Einkehr/Übernachtung: Gasthöfe und Hotels in den Orten der Ferienregion Reutte
Information: Tourismusverband Reutte, Untermarkt 34, A-6600 Reutte, Tel.: 0043/5672/62 3 36, Internet: www.reuttetourism.at

Das Außerfern mit dem Reuttener Becken ist die nordwestlichste Ecke von Tirol. Die Ferienregion von Reutte im Lechtal liegt direkt an der bayerischen Grenze und wird von den Tannheimer Bergen, den Lechtaler Alpen und dem Ammergebirge eingerahmt. Bei einem Ausflug ins Außerfern sollte man einen Spaziergang durch das Zentrum von Reutte nicht versäumen. Rund um den Marktplatz sind einige historische Gebäude zu entdecken, die bezeugen, dass der Ort eine lange und bedeutungsvolle Geschichte hat. Da ist einmal das Franziskanerkloster aus dem 17. Jahrhundert. Ähnlich alt sind das Bezirksgericht und das Dengelhaus, ein ehemaliges Herrschaftshaus. Beide Gebäude befinden sich wie das Franziskanerkloster am Obermarkt. Ganz in der Nähe sind auch die beiden historischen Gasthöfe Goldener Hirsch und Goldene Krone, deren Ursprünge ebenfalls auf das 17. Jahrhundert zurückgehen. In der Goldenen Krone logierte 1777 Kaiser Joseph II., woran die Darstellung einer sechsspännigen Kutsche über dem Portal erinnert.

Von Deutschland aus sind der 6000-Einwohner-Ort Reutte und seine kleineren Nachbargemeinden leicht erreichbar. Von Füssen aus kommt man in wenigen Minuten hinüber nach Reutte. Und

Unterwegs in der Winterlandschaft

dieser Ausflug lohnt sich vor allem für Langläufer. Denn hier im Lechtal gelten die Loipen als Attraktion und nicht so sehr die Skipisten. Die gibt es zwar auch, vor allem auf dem Hahnenkamm, der im Gegensatz zu seinem Namenskollegen in Kitzbühel ein eher gemütlicher Skiberg ist. Doch zurück zum Langlaufen. Insgesamt bieten sich etwa 90 Kilometer Loipen auf einer ziemlich schneesicheren Höhe zwischen 840 und 1050 Meter an. Überwiegend verlaufen diese Loipen auf den Wiesen diesseits und jenseits des Lechs rund um die Orte Reutte, Lechaschau, Wängle, Ehenbichl, Höfen und Weißenbach am Lech. Empfehlenswerter Ausgangspunkt ist das Langlaufzentrum Waldrast, wo man diverse Varianten miteinander kombinieren kann und auch entsprechende Serviceeinrichtungen vor Ort findet.

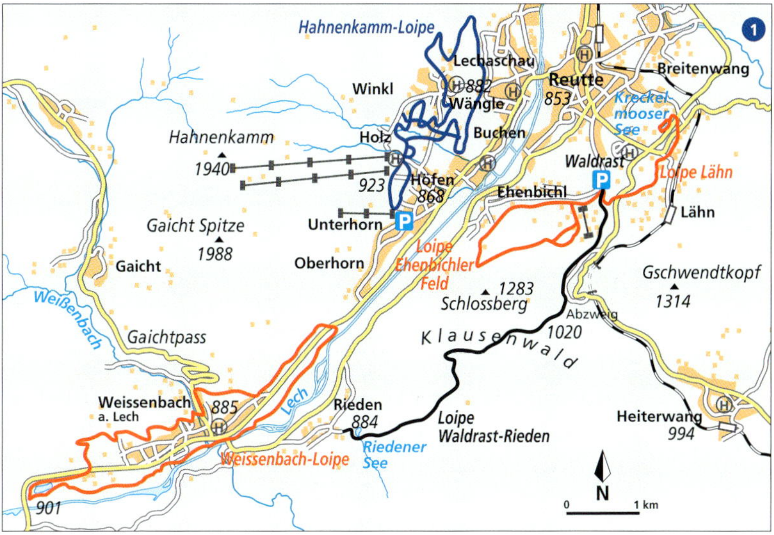

Das gemütliche Lechtal im Nordwesten Tirols

Abseits der Loipe gibt es natürlich auch interessante Freizeitangebote. Da wäre zum Beispiel das Alpenbad in Reutte in der Alpenbadstraße, wo man neben dem Hallenbad auch Sauna und Solarium benutzen kann. Ebenfalls in Reutte ist der Außerferner Sporttreff mit Tennis, Squash und Fitness. Und im Winter lockt vor allem der Plansee bei Reutte, wo nicht nur Schlittschuhläufer, sondern vereinzelt auch hartgesottene Eistaucher anzutreffen sind. Insgesamt ist die Ferienregion von Reutte also kein mondäner Skizirkus, sondern eher ein Ziel für bodenständige und naturverbundene Wintersportler. Und das passt ja auch gut zum Langlaufen.

Hahnenkamm Eine leichte, rund 20 Kilometer lange Loipe, die zu Füßen des 1938 Meter hohen Hausbergs von Reutte rund um die Orte Höfen, Lechaschau und Wängle führt. Die gesamte Loipe besteht aus drei miteinander verbundenen Rundkursen um die jeweiligen Orte. Man kann also nach Belieben von jedem Ort aus starten. Dort findet man auch Parkmöglichkeiten und Skiservicestellen. Die Rundloipen von Höfen und Wängle sind jeweils 7 Kilometer lang, jene in Lechaschau 6 Kilometer. Ideal für gemütliche und abwechslungsreiche Touren.

Lähn Kurz und abwechslungsreich ist diese Variante, die beim Langlaufzentrum Waldrast startet. Man läuft über die recht hügeligen Wiesen von Lähn und hat verschiedene meist mittelschwere Rundstrecken zur Wahl. So kann man zum Beispiel nach Norden auf der Loipe 9 in einer Schleife über Breitenwang bis zum Alpenbad Reutte und von dort zurück nach Waldrast laufen.

Weißenbach Eine 16 Kilometer lange, mittelschwere Rundstrecke, die am Nordufer des Lechs bei Weißenbach verläuft. Ausgangspunkt ist der Gasthof Bären an der Tannheimer Straße. Beim Café Dobler geht es über den Weißenbach, dort weiter auf der Loipe 16 bis zum Ortsrand von Weißenbach und schließlich auf der Loipe 17 nach einer Abfahrt bis zur Bundesstraße. Nach einer Waldpassage erreicht man einen Wendepunkt an der Lechtal-Bundesstraße. Von dort führt die Loipe entlang des Flusses wieder bis Weißenbach, verläuft dann nach einer Straßenunterquerung durch das Augebiet in Richtung Höfen und macht eine Westschleife. Die letzten 3 Kilometer bis zum Ausgangspunkt läuft man auf der Loipe 15.

Ehenbichler Feld Am Langlaufzentrum Waldrast startet diese leichte, 6 Kilometer lange Rundloipe. Auf weitgehend flachem Gelände geht es nach Westen, bis die Loipe schließlich nahe dem Schlossberg eine Kehre macht und in Richtung Ehenbichl zurückgeht, um am Langlaufzentrum zu enden.

Waldrast – Rieden Eine landschaftlich reizvolle, aber auch sehr anspruchsvolle Loipe mit 15 Kilometer Länge, die von Waldrast durch den Riedner Wald bis Rieden und wieder zurückführt. Nach dem Start beim Langlaufzentrum Waldrast geht es nach Süden, zwischen Schlossberg und Schwendtkopf und vorbei am Weiler Klause, wo dann ein längerer Anstieg folgt. Danach kommt man zum Klausenwald, wo die Loipe wieder flacher wird. Anschließend folgt man bei einer Abzweigung der linken Loipe, die recht abwechslungsreich mit etlichen Anstiegen und Abfahrten durch den Riedner Wald verläuft und schließlich um den Riedner See führt, bis dann die Ortschaft Rieden erreicht ist. Dort wird es wieder ziemlich anstrengend. Ein Höhenunterschied von gut 130 Meter ist zu überwinden, bis man schließlich zu der Abzweigung im Klausenwald zurückkommt. Um zum Langlaufzentrum Waldrast zurückzukommen, läuft man auf derselben Spur wie auf dem Hinweg.

2 Oberammergau

Ausgedehntes Loipennetz im Ammertal

km 100 km

leicht bis mittel

Lage: Oberammergau liegt im oberen Ammertal nordwestlich von Garmisch-Partenkirchen, unweit der A 95. Rund um Oberammergau, Ettal, Bad Kohlgrub und Bad Bayersoien verteilt sich ein dichtes Loipennetz.
Gesamtlänge: 100 km
Schwierigkeit: Leicht bis mittel
Kategorie: Klassisch und Skating
Anfahrt: *Auto:* Auf der A 95 München – Garmisch-Partenkirchen fährt man bis zum Autobahnende bei Eschenlohe, dann Richtung Garmisch bis Oberau. Dort biegt man rechts ab und folgt der B 23 über Ettal bis Oberammergau. *ÖV:* Von München gibt es eine Bahnverbindung über Murnau.
Start: Das dichte und umfangreiche Loipennetz rund um Oberammergau bietet zahlreiche Einstiegsmöglichkeiten. Zentraler Startplatz ist der Parkplatz an der Talstation des Kolbensessel-Lifts.
Skiverleih: Sporthaus Mühlstrasser, Theaterstr. 2, 82487 Oberammergau, Tel.: 08822/9 30 44, Internet: www.sport-muehlstrasser.de
Sport-Zentrale Papistock, Bahnhofstr. 6a, 82487 Oberammergau, Tel.: 08822/41 78, Internet: www.Sport-Zentrale-Papistock.de
Einkehr/Übernachtung: Zahlreiche Gasthöfe und Hotels in Oberammergau
Information: Oberammergau Tourismus, Eugen-Papst-Str. 9a, 82487 Oberammergau, Tel.: 08822/9 23 10, Internet: www.oberammergau.de

Als Passionsspielort ist Oberammergau weltbekannt. Und als Wintersportort hat es ebenfalls einen sehr guten, wenn auch nicht so internationalen Ruf. Dafür gibt es den Winter nicht nur alle zehn Jahre wie die Passionsspiele, die auf das 17. Jahrhundert zurückgehen. 1632 brach in Oberammergau die Pest aus, und die Einheimischen gelobten, Passionsspiele durchzuführen, worauf dann auch die Seuche eingedämmt werden konnte. Fortan spielte man durchgehend bis heute alle zehn Jahre das »Spiel vom Leiden, Sterben und Auferstehen unseres Herrn Jesus Christus«.

An Sehenswürdigkeiten mangelt es der Gegend nicht. Und das liegt wohl vor allem an dem bemerkenswerten Traditionsbewusstsein der Oberammergauer. Da sind neben dem Passionsspielhaus, das auch im Rahmen von Führungen besichtigt werden kann, noch die Herrgottsschnitzereien. Gut 120 Holzbildhauer und eine Schnitzschule gibt es im Ort. Wer sich von deren Arbeit überzeugen will, dem sei ein Besuch der Schnitzschule oder der »lebenden Werkstatt« im Pilatushof empfohlen. Dazu passen auch die für den Ort typischen Lüftlmalereien an den alten Häuserfassaden.

Nur wenige Kilometer von Oberammergau entfernt ist das Kloster Ettal, ein Prachtbau im gotischen und barocken Stil, dessen Ur-

2

sprünge auf das 14. Jahrhundert zurückgehen. Zum Kloster gehören auch die Wallfahrtskirche, ein Internat sowie eine Gastronomie samt Likörbrennerei. Also genug für Geist und Körper. Von Ettal aus erreicht man in wenigen Minuten das berühmte Schloss Linderhof, eines der Prachtschlösser Ludwigs II. Das einzige übrigens, dessen Bau vollendet wurde und wo der Monarch auch zu wohnen pflegte.

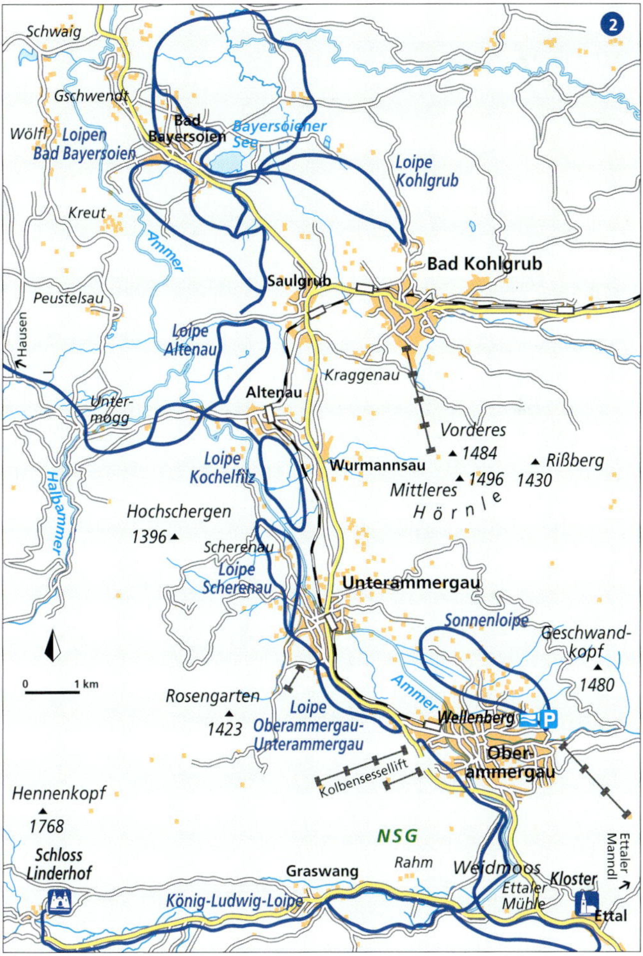

2

Doch nun zum Wintersport. Auf der einen Seite von Oberammergau ist das Skigebiet am Laberjoch mit einer bekannt steilen, anspruchsvollen Abfahrt. Gegenüberliegend die einfacheren Pisten am Kolben sowie bei den Steckenberg-Liften bei Unterammergau. In dieser Bilderbuchlandschaft bieten sich natürlich auch Winterwanderungen an. Außerdem gibt es in Unterammergau noch zwei Rodelbahnen. Aber die wintersportliche Domäne ist der Langlauf. Rund 100 Kilometer Loipen sind, bei entsprechenden Schneeverhältnissen, zwischen Ettal und Linderhof, Oberammergau und weiter darüber hinaus bis Bad Kohlgrub und Bad Bayersoien gespurt. Überwiegend leichte bis mittlere Loipen. Der anspruchsvollste Abschnitt befindet sich in Ettal beim Startplatz zum berühmten König-Ludwig-Lauf, einem Langlaufmarathon, der jedes Jahr Anfang Februar stattfindet. Und nach der Loipe kann man noch einen Abstecher ins Erlebnisbad WellenBerg in Oberammergau machen.

König-Ludwig-Loipe Die offizielle Loipe für den Marathonlauf gibt es in zwei Varianten: 23 und 45 Kilometer, die von Ettal über Graswang bis Linderhof und dann über die Ettaler Mühle nach Oberammergau führen. Allerdings wird die gesamte Loipe nur für den Wettbewerb gespurt. Diese überwiegend leichte Variante ist 26 Kilometer lang und führt von Oberammergau über Graswang bis Linderhof und wieder zurück. Man startet in Oberammergau beim Kolbensessel-Lift oder an der Ammerbrücke und läuft neben der Bundesstraße und dann durch das Naturschutzgebiet Weidmoos in Richtung Ettal. Kurz vor Ettal geht es dann links parallel zur Straße weiter über Graswang bis zum Schloss Linderhof. Direkt vor dem Schloss macht die Loipe eine Kehre, und dann geht es auf derselben Loipe zurück bis Oberammergau.

Auf dieser Strecke gibt es mehrere Varianten. Man kann jeweils eine kürzere Rundstrecke bis Ettal oder Graswang wählen und bei Ettal noch den etwas anspruchsvolleren Rundkurs zum Ort und vorbei am Startplatz des König-Ludwig-Laufs nehmen.

Sonnenloipe Ein 8 Kilometer langer, leichter Rundkurs nördlich von Oberammergau. Man startet beim Erlebnisbad WellenBerg und läuft in einer weiten Schleife in Richtung Unterammergau, am Ufer der Ammer vorbei und zurück zum Ausgangspunkt.

Oberammergau – Unterammergau Ein leichter, 6 Kilometer langer Rundkurs, der beim Parkplatz am Kolbensessel-Lift beginnt

2

und neben der Straße links bis nach Unterammergau führt. Am Ortsrand von Unterammergau kann man direkt auf dem Scherenauer Rundkurs weiter laufen.

Loipen bei Scherenau und Altenau Im weiteren Anschluss bieten sich noch mehrere Rundloipen rund um Scherenau und Altenau an, die alle miteinander verbunden werden können. Das beginnt mit dem Scherenauer Rundkurs. Von Unterammergau in Richtung Altenau verläuft diese 7 Kilometer lange, leichte Rundloipe. Ausgangspunkt ist entweder am Ortsrand von Unterammergau beim Anschluss zur Loipe zwischen Oberammergau und Unterammergau oder in Scherenau. Die Loipe beschreibt eine weite Runde über das Gelände im Ammertal. Direkt bei Scherenau kann man auf die andere Seite der Ammer wechseln und auf einer Verbindungsloipe zur Rundloipe Kochelfilz und weiter über Altenau bis Untermogg entlang der Halbammer laufen. Oder man wählt die 7 Kilometer lange Rundloipe durch das Altenauer Moor zwischen Altenau und Saulgrub. Dort kann man dann auf die Loipen von Bad Bayersoien wechseln.

Höhepunkt der Saison: der König-Ludwig-Lauf

Rundkurse Bad Bayersoien Eigentlich ist es nicht ganz richtig, nur von den Oberammergauer Loipen zu sprechen. Im Prinzip verteilt sich das Loipennetz über das gesamte Ammertal zwischen Ettal und Bad Bayersoien. Und die direkte Verbindung zwischen den Loipen macht es möglich, das gesamte Tal ohne Unterbrechungen bis Bad Bayersoien und auch noch mit einem Schlenker hinüber nach Bad Kohlgrub abzulaufen, wenn es denn die Schneeverhältnisse zulassen.

Der Kurort Bad Bayersoien nördlich von Oberammergau bietet drei Rundkurse in Ortsnähe. Der Rundkurs 1 ist 9 Kilometer lang und schließt an die Loipe durch das Altenauer Moor an. Es gibt eine Verbindungsloipe, die die Bundesstraße quert und dann zum Rundkurs 2 und 3 führt. Der 12 Kilometer lange Rundkurs 2 macht eine weite Schleife um den Soier See und das Gebiet nördlich von Bad Bayersoien. Der direkt angrenzende Rundkurs 2 führt in einer langen Schleife nach Osten bis an die Ortsgrenze von Bad Kohlgrub.

3 Garmisch-Partenkirchen

Leicht und anspruchsvoll unter der Zugspitze

km 68 km

leicht bis schwer

Lage: Garmisch-Partenkirchen liegt im Werdenfelser Land zu Füßen der Zugspitze. Die Loipen verteilen sich auf das weite, offene Tal rund um den Ort und reichen auch in das östliche Tal in Richtung Krün und Mittenwald.
Gesamtlänge: 68 km
Schwierigkeit: Leicht bis schwer
Kategorie: Klassisch und Skating
Anfahrt: *Auto:* Man kommt nach Garmisch-Partenkirchen schnell und bequem über die A 95. Nach dem Autobahnende fährt man die letzten Kilometer über Oberau und Farchant auf einer gut ausgebauten Verbindungsstraße. *ÖV:* Gut sind auch die stündlichen Zugverbindungen direkt von München nach Garmisch-Partenkirchen. Der Bahnhof liegt sehr zentral mit Umsteigemöglichkeit zur Zugspitzbahn.
Start: Die unterschiedliche Lage der Loipen bedeutet auch unterschiedliche Startplätze. Beim Kreiskrankenhaus hat man zum Beispiel die Möglichkeit, nach Osten in Richtung Klais oder nach Westen bis Hammersbach zu laufen.
Skiverleih: Skischule Garmisch-Partenkirchen, Am Hausberg 8, 82467 Garmisch-Partenkirchen, Tel.: 08821/49 31, Internet: www.skischule-gap.de
Skischule Sprenzel, Alpspitzbahntalstation, 82467 Garmisch-Partenkirchen, Tel.: 08821/46 00, Internet: www.sprenzel-sport.de
Skischule Alpin, Reintalstr. 8, 82467 Garmisch-Partenkirchen, Tel.: 08821/94 56 76, Internet: www.skischulealpin.de
Einkehr/Übernachtung: Zahlreiche Hotels und Gasthöfe in Garmisch-Partenkirchen
Information: Tourist-Information, Richard-Strauss-Platz 2, 82467 Garmisch-Partenkirchen, Tel.: 08821/18 07 00, Internet: www.garmisch-partenkirchen.de

Garmisch bietet viele Winter-, Sport- und Freizeitmöglichkeiten

Als ehemaliger Olympiaort und klassische Wintersportdestination hat Garmisch-Partenkirchen natürlich Einiges zu bieten. Neben

dem Skigebiet auf der Zugspitze und der Alpspitze als Aushängeschild gibt es ein sehr umfangreiches Freizeitprogramm. Im Olympia-Eissportzentrum hat man die Wahl zwischen fünf verschiedenen Eisflächen.

Gleich nebenan ist das Alpspitz-Wellenbad. Dazu bieten sich noch Möglichkeiten zum Winterwandern, Schneeschuhlaufen und Rodeln an. Sehenswürdigkeiten sind natürlich die Sportanlagen der Winterolympiade von 1936 mit dem Skistadion und der Sprungschanze, die alljährlich Schauplatz der Vierschanzentournee ist. Wer sich für Kultur und Historie interessiert, für den ist ein Besuch des Werdenfelser Heimatmuseums

3

empfehlenswert oder eine Besichtigung der barocken Kirche Neu-St.Martin am Marienplatz und der Wallfahrtskirche St. Anton in Partenkirchen.

Loisachtal-Loipe Ein leichter Rundkurs im flachen Talbereich zwischen Farchant und Eschenlohe. Die Loipe beginnt am Ostrand von Farchant in der Nähe des Lifthangs und verläuft östlich der Loisach nach Norden bis nach Eschenlohe. Zwischendurch gibt es mehrere Rundkurse. Beim Gut Buchwies kann man, wenn man die gesamten 30 Kilometer nicht laufen will, umkehren und die Tour verkürzen.

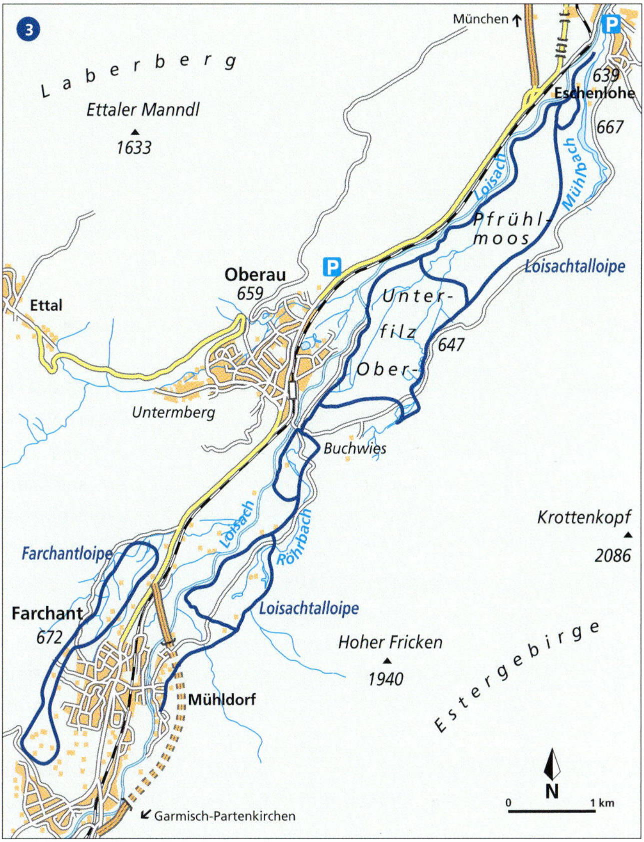

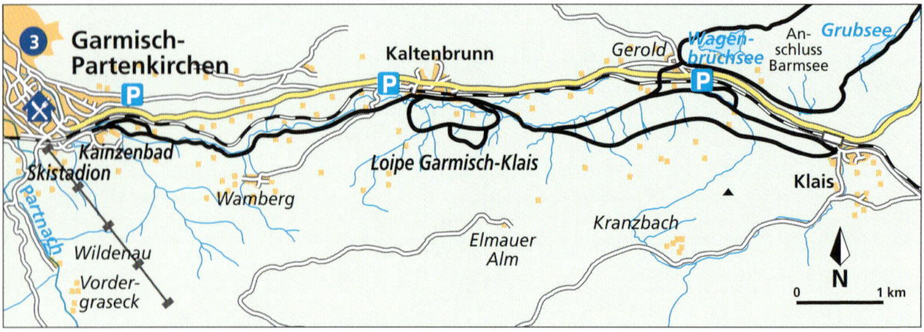

Farchantloipe Am Westrand von Farchant verläuft dieser leichte, 8 Kilometer lange Rundkurs in zwei Schleifen über das freie Gelände, der angesichts der exponierten Lage auch gute Schneeverhältnisse benötigt.

Garmisch – Klais Diese Loipe ist eine der schönsten und auch anspruchsvollsten rund um Garmisch-Partenkirchen. Sie bietet vor allem vielfältige Kombinationsmöglichkeiten. Die 20 Kilometer lange Rundtour zieht nach Osten hinauf in das Tal nach Klais. Starten kann man beim Krankenhaus. Dort gibt es auch am Kainzenbad Parkmöglichkeiten. Von Anfang an überquert die Loipe hügeliges Gelände mit etlichen Anstiegen. Aber man hat die Wahl zwischen verschiedenen Varianten: einer kurzen 2-Kilometer-Rundstrecke am Krankenhaus, einer längeren 10-Kilometer-Variante bis Kaltenbrunn oder der 20-Kilometer-Runde bis Klais. Dort gibt es auch eine Anschlussmöglichkeit zum Barmsee und nach Krün. Hier eröffnen sich weitere interessante Tourenmöglichkeiten rund um Krün und Wallgau. Wem unterwegs die Puste ausgeht, der kann die öffentlichen Verkehrsmittel nutzen und von Kaltenbrunn mit dem Bus oder von Klais mit der Bahn nach Garmisch-Partenkirchen zurückfahren.

Unterwegs auf den Garmischer Loipen

Nachtloipe Kainzenbad Direkt beim Kainzenbad wird dieser 1,5 Kilometer lange Rundkurs jeweils Dienstag- und Donnerstagabend beleuchtet.

Grainau

Von der Loipe ins Bad

4

Lage: In dem Zugspitzdorf direkt zu Füßen des höchsten deutschen Gipfels verteilen sich die Loipen auf das Gelände rund um den Ort.
Gesamtlänge: 15,5 km
Schwierigkeit: Leicht bis mittel
Kategorie: Klassisch und Skating
Anfahrt: *Auto:* Nach Grainau fährt man über die A 95 München – Garmisch-Partenkirchen und in Garmisch 6 km weiter auf der B 23 bis Grainau.
ÖV: Mit der Bahn kommt man von München bis Garmisch-Partenkirchen und weiter bis zum Bahnhof in Grainau.
Start: Aufgrund der unterschiedlichen Lage verschiedene zentrumsnahe Startplätze
Skiverleih: Skischule Alpin, Waxensteinerstr. 22, 82491 Grainau, Tel.: 08821/88 83, Internet: www.skischulealpin.de
Skischule Zugspitze-Grainau, Am Unteren Dorfplatz 3a, 82491 Grainau, Tel.: 08821/84 66, Internet: www.skischule-zugspitze.de
Einkehr/Übernachtung: Zahlreiche Gasthöfe und Hotels in Grainau
Information: Kurverwaltung Grainau, Parkweg 8, 82491 Grainau, Tel.: 08821/ 98 18 50, Internet: www.grainau.de

km 15,5 km

leicht bis mittel

Das schmucke Dorf zu Füßen der Zugspitze kann auf eine gut 700 Jahre lange Geschichte zurückblicken. Die Zugspitze, die Nachbargipfel im Wettersteingebirge und der malerische Eibsee sind im Sommer wie im Winter ein attraktives Ziel. Dazu kommt, dass Grainau mit seinen fünf Ortsteilen deutlich ruhiger und gemütlicher ist als das größere und bekanntere Garmisch-Partenkirchen. Die Eröffnung der Zugspitzbahn 1929 brachte den Grainauern natürlich viele Gäste. Heutzutage kommen die Winterurlauber wegen der exzellenten Skipisten auf der Zugspitze,

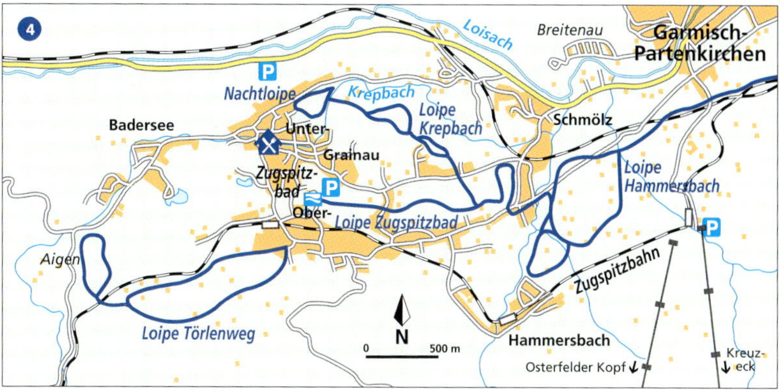

4

die man nicht nur mit der guten alten Zahnradbahn, die auf 11,5 Kilometer 1838 Höhenmeter überwindet, erreichen kann, sondern auch mit der wesentlich moderneren Seilbahn vom Eibsee aus. Rund um Grainau gibt es viele Winterwanderwege, im Ort einen Eislaufplatz direkt am Kurpark und dazu noch eine kleine Naturrodelbahn am Gschwendt. Für einen Ort mit 3700 Einwohnern bemerkenswert ist auch, dass es hier mit dem Zugspitzbad ein großzügiges Erlebnisbad mit Hallenbad, Dampfbad, Saunabereich und Kurabteilung gibt. Ein Besuch lässt sich gut mit den Langlaufloipen verbinden, denn die liegen alle ziemlich nahe am Dorf. Und wer weiter will, der hat auf der Loipe am Hammersbach einen Anschluss zu den Loipen rund um Garmisch-Partenkirchen.

Loipe Hammersbach Ein 4 Kilometer langer, leichter Rundkurs, der südwestlich vom Ortsteil Hammersbach verläuft. Beste Einstiegsmöglichkeiten sind am Nelkenweg in Hammersbach oder an der Zugspitzstraße in Tegernau. Die Loipe beschreibt eine große und eine kleine Schleife auf dem Gelände zwischen den Gleisen der Zugspitzbahn und der normalen Bahnlinie. Nahe der Bahnlinie beim Tegernauer Weg gibt es eine Anschlussloipe in Richtung Garmisch-Partenkirchen.

Loipe Zugspitzbad Angrenzend an die Hammersbacher Loipe bringt uns diese 4 Kilometer lange Loipe auf fast ebenem Gelände und teilweise durch den Wald nach Obergrainau. Kurz vor der evangelischen Kirche gabelt sie sich, und man kann links nach Obergrainau laufen. In Obergrainau endet die Loipe am Zugspitzbad.

Loipe Krepbach Ein 3,5 Kilometer langer Rundkurs, der an der besagten Gabelung unweit der evangelischen Kirche von der Zugspitzbad-Loipe abzweigt. Auf weitgehend ebenem Gelände läuft man bis zum Krepbach und trifft auf der anderen Uferseite auf die Nachtloipe. Man kann auch umgekehrt bei der Nachtloipe an der Loisachstraße oder Am Krepbach beim Unteren Dorfplatz starten. Dort gibt es auch Parkmöglichkeiten.

Loipe Törlenweg Diese 4 Kilometer lange Rundloipe beginnt unweit des Oberen Dorfplatzes und ist nicht mit den anderen drei Loipen verbunden. Der Kurs verläuft in einer langen Schleife neben dem Gleis der Zugspitzbahn und ist einfach zu laufen, auch wenn es zum Teil leicht ansteigt und mit entsprechend einfachen Abfahrten verbunden ist.

Mieminger Plateau

Loipenpanorama und Panoramaloipen

5

km 120 km

leicht bis schwer

Lage: Das Mieminger Plateau ist eine Hochebene über dem Inntal nordwestlich von Innsbruck. Die Loipen befinden sich zwischen Nassereith im Westen und Wildermieming im Osten.
Gesamtlänge: 120 km
Schwierigkeit: Leicht bis schwer
Kategorie: Klassisch und Skating
Anfahrt: *Auto:* Man fährt entweder auf der A 95 bis Garmisch, weiter nach Reutte und über den Fernpass bis zum Mieminger Plateau. Eine Alternative ist die Inntalautobahn A 93 über Kufstein bis Innsbruck und von dort in Richtung Landeck bis zur Ausfahrt Telfs und das letzte Stück in Richtung Fernpass.
ÖV: Mit der Bahn fährt man über Kufstein bis Innsbruck oder Telfs und dann weiter mit dem Bus.
Start: Unterschiedliche Startplätze in den Orten. Die meisten befinden sich direkt an der Bundesstraße.
Skiverleih: Sport Schaber, Haus Simmering, A-6416 Obsteig, Tel.: 0043/5264/81 48
Einkehr/Übernachtung: Gasthöfe und Hotels in Mieming, Wildermieming, Obsteig und Nassereith
Information: Ferienregion Mieminger Plateau & Fernpass-Seen, A-6416 Obsteig, Tel.: 0043/5264/81 06, Internet: www.mieminger-plateau.at

Bekannt ist das Mieminger Plateau vor allem dank des »Bergdoktors«. Etliche Jahre lief die populäre TV-Serie, die auf dem Mieminger Plateau gedreht wurde und der Region viele neue Fans brachte, auch wenn in der Serie fiktive Ortsnamen verwendet wurden. Auch heute noch kommen viele Besucher, um auf den Spuren des Alpenmedicus zu wandeln. Darüber hinaus bietet das Plateau nordwestlich von Innsbruck natürlich noch mehr. Die sanfte Landschaft des Naturschutzgebiets auf dem Plateau, umgeben von mächtigen

5

Bergmassiven, lädt geradezu ein zum Wandern und natürlich zum Langlaufen. Und dabei ist man in direkter Linie nur wenig vom Inntal und von der Autobahn entfernt. Mit stolzen 120 Loipenkilometern ist das Angebot rund um Mieming und die Fernpass-Seen recht umfangreich. Dazu gibt es noch das Tiroler Loipen-Gütesiegel, mit dem die besten Langlaufgebiete im Land ausgezeichnet werden.
Analog zum Langlaufen stehen die sanften Wintersportarten im Vordergrund. Neben zahlreichen Winterwanderwegen gibt es die Möglichkeit, Schneeschuhwanderungen oder Ausflüge mit Pferdeschlitten zu unternehmen. Eine Besonderheit sind die angebotenen Kurse für angehende Skispringer. Und alpine Skierlebnisse gibt es durch den Schlepplift von Obsteig hinauf zum 1497 Meter hohen Grünberg. Der Lift ist auch für Langläufer nicht uninteressant, denn dort oben wird eine 12 Kilometer lange Höhenloipe gespurt. Wer sich traut, kann dann die Abfahrt auf den schmalen Brettern wagen. Geübt sollte man dafür allerdings schon sein. Eine andere Höhenloipe befindet sich beim Fernpass auf über 1200 Meter Höhe. Allerdings hieß es, dass man in Zukunft diesen 2 Kilometer langen Rundkurs eventuell nicht mehr präparieren würde.

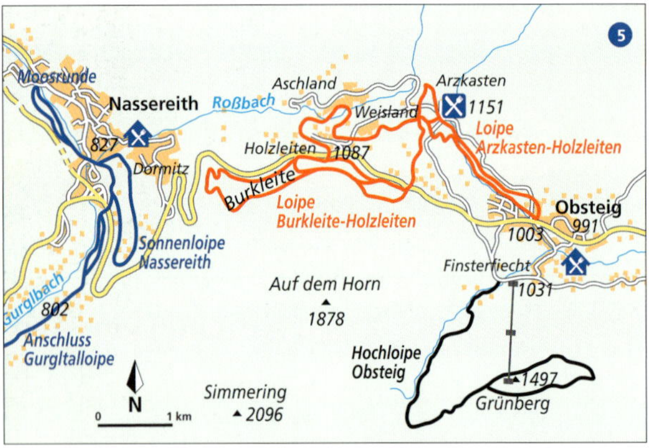

Deutlich einfacher sind die Loipen unten auf dem Plateau. Zwischen Wildermieming im Osten und Obsteig im Westen gibt es zahlreiche Varianten. Und vor allem sind diese Loipen bei entsprechender Schneelage auch miteinander verbunden. Und wer die klassischen Sehenswürdigkeiten des Mieminger Plateaus auch beim Langlaufen nicht missen will, der kann das in Wildermieming bestens tun. Denn die Loipe zum Gerhardhof führt ziemlich nah am Haus des einstigen Bergdoktors vorbei.

5

Wildermieming – Gerhardhof Eine mittelschwere, 6 Kilometer lange Loipe, die von Wildermieming zum einsam gelegenen Gerhardhof führt. Start ist in Wildermieming beim Gasthaus Jäger. Dort gibt es auch Parkmöglichkeiten. Über freies Gelände führt die abwechslungsreiche und teils etwas hügelige Loipe nach Westen bis zum Gerhardhof. Zurück läuft man dann auf derselben Strecke.

Übungsloipe Obermieming Ein leichter, 3 Kilometer langer Rundkurs am Südrand von Obermieming. Man startet gegenüber dem Tourismusbüro beim Café Maurer. Dort ist auch ein großer Parkplatz. Die Loipe verläuft auf offenem Gelände an der Bundesstraße und ist ideal zum Aufwärmen oder als kurze Trainingseinheit.

Mieming – Fiecht Mit 13 Kilometern ist die mittelschwere Rundtour eine der längsten Loipen auf dem Mieminger Plateau. Man beginnt am Ostrand von Obermieming direkt an der Bundesstraße beim Gasthof zur Post. Von dort geht es in mehreren weiten Bögen auf offenem Terrain hinunter nach Untermieming und dann weiter etwas bergauf bis zum Weiler Fiecht. Von Fiecht läuft man teils über die Felder und teils durch den Wald dann nach Obermieming zurück. Es gibt auch eine Anschlussmöglichkeit nach Wildermieming.

Viel Platz und viel Sonne auf dem Mieminger Plateau

Mieming – Gschwent Am nordwestlichen Ortsrand von Obermieming leitet diese 6 Kilometer lange und mittelschwere Rundloipe zum Weiler Gschwent und wieder zurück. Ausgangspunkt ist das Gasthaus Moosalm. Man kann auch beim Parkplatz am Waldschwimmbad starten. Eine abwechslungsreiche Loipe mit einigen Anstiegen und Abfahrten.

Obsteig – Gschwent Obsteig liegt zwischen Nassereith und Mieming direkt an der Bundesstraße. Rund um Obsteig gibt es eine gute Auswahl an Loipen, die auch mit Mieming verbunden sind. Die 5 Kilometer lange, mittelschwere Rundloipe führt zum Weiler Gschwent zwischen Obsteig und Mieming und kann ideal mit der Loipe von Mieming nach Gschwent kombiniert werden. Ausgangspunkt ist beim Tourismusbüro in Obsteig. Zuerst läuft man auf der Spur der Übungsloipe und dann weiter über die Felder und durch Waldpassagen hinunter in Richtung Gschwent, macht dann einen Bogen um Gschwent, wo man auf die Mieminger Loipe trifft. Zurück geht es dann auf ziemlich direktem Weg wieder nach Obsteig.

5

Arzkasten – Holzleiten Arzkasten und Holzleiten sind zwei Weiler zwischen Obsteig und Nassereith, die Stationen der 13 Kilometer langen, mittelschweren Loipe sind. Von Obsteig aus geht es wie bei der Gschwenter Loipe beim Tourismusverband los. Über offenes Gelände läuft man ortsauswärts in Richtung Nordwesten direkt hinauf nach Arzkasten. Beim Gasthof Arzkasten hält man sich links und läuft weiter bis Holzleiten und zum Wendepunkt. Dann quert man die Bundesstraße, läuft praktisch parallel zu ihr, bis man in der Nähe des Holzleitensattels die Straße nochmals quert und nach Norden bis kurz vor Arzkasten läuft, dann rechts abzweigt und wie auf dem Hinweg nach Obsteig zurücklaufen kann.

Winterstimmung

Burkleite – Holzleiten Ein 8 Kilometer langer, mittelschwerer Rundkurs, der von Obsteig aus durch das waldreiche Gelände südlich der Bundesstraße führt. Ausgangspunkt ist wieder in Obsteig beim Tourismusverband. Zunächst läuft man nahe der Bundesstraße nach Westen. Auf der Höhe des Rossbach-Lifts wendet die Loipe und bringt uns in Richtung Obsteig zurück. Auf der letzten Schleife nach Obsteig ist die Loipe identisch mit der Spur der Rundtour über Arzkasten, führt aber direkt an der Bundesstraße zum Startplatz zurück.

Hochloipe Obsteig Eine echte Herausforderung ist dieser schwere, 8 Kilometer lange Rundkurs wegen des Streckenprofils und auch wegen der abschließenden langen Abfahrt. Zunächst fährt man mit dem Lift von Obsteig aus hinauf zum 1497 Meter hohen Grünberg. Dort beginnt auch der anspruchsvolle Rundkurs. Die lange Abfahrt auf dem Forstweg zurück zur Talstation des Grünberg-Lifts sollte man allerdings nur als geübter Langläufer wagen.

Sonnenloipe Nassereith Am Ortsrand von Nassereith, wo die Bundesstraße hinauf zum Mieminger Plateau abzweigt, befindet sich der leichte, 3 Kilometer lange Rundkurs. Man startet beim Gasthof Gurgltalblick oder bei der Feuerwehrhalle in Nassereith. Der Rundkurs ist einfach zu laufen und führt über das offene Gelände neben der Bundesstraße. Wem das nicht reicht, der hat Anschlussmöglichkeiten zur kurzen Moosrunde bei Nassereith oder zur 25 Kilometer langen Gurgltal-Loipe, die von Nassereith aus nach Süden durch das Tal verläuft.

Seefeld

6

Riesige Auswahl auf dem Hochplateau

km 283 km

leicht bis schwer

Lage: Seefeld liegt auf einem Hochplateau etwa 20 km nördlich von Innsbruck. Das umfangreiche Loipennetz erstreckt sich auf die Umgebung bis Leutasch und Scharnitz.
Gesamtlänge: 250 km
Schwierigkeit: Leicht bis schwer
Kategorie: Klassisch und Skating
Anfahrt: *Auto:* Von Deutschland aus erreicht man Seefeld entweder über die A 95 München – Garmisch und fährt weiter über Mittenwald und Scharnitz bis Seefeld. Oder man wählt die Variante über die Inntalautobahn A 93 via Kufstein und Innsbruck, verlässt bei Zirl die Autobahn und nimmt dann über den Zirler Berg Kurs auf Seefeld.
Start: Die meisten Loipen starten im Zentrum in der Nähe des Sport- und Kongresszentrums bei Seekirchl.
Skiverleih: Kirchmair Sporthaus, Münchner Straße, A-6100 Seefeld, Tel.: 0043/5212/22 68
Schischule Langlauf, Alpenbad, A-6105 Leutasch
Tirolalpin, Seewald, A-6105 Leutsch, Tel.: 0043/5214/51 52
Skiverleih beim Brand-Lift, A-6108 Scharnitz, Tel.: 0043/699/12 57 23 67
Einkehr/Übernachtung: Zahlreiche Gasthöfe und Hotels in Seefeld, Leutasch und Scharnitz
Information: Informationsbüro Seefeld, Klosterstr. 43, A-6100 Seefeld, Tel.: 0043/5212/23 13, Internet: www.seefeld.at

»Olympiaregion« nennt sich der Wintersportort auf dem sonnigen Hochplateau nördlich von Innsbruck. Tatsächlich war Seefeld 1964 und 1976 Schauplatz der nordischen Wettkämpfe im Rahmen der Winterolympiade in Innsbruck. Eine gute Referenz also. Und das zu Recht, denn rund um Seefeld und die Nachbarorte Leutasch, Mösern und Scharnitz breitet sich ein stattliches Loipennetz mit insgesamt 250 Kilometer Länge aus. Regelmäßige Weltcup-Veranstaltungen sorgen dafür, dass Seefelds Loipen auch weiterhin im Gespräch bleiben. Für den normalen Langläufer bieten die Loipen nicht nur eine enorme Auswahl, sondern auch eine herrliche Landschaft. Das Hochplateau ist wie geschaffen für Langlauftouren. Abgesehen davon bietet Seefeld auch alpines Skivergnügen. Die Pisten am Härmelekopf und Gschwandtkopf sind überwiegend leicht und gemütlich. Wie überhaupt die Region eher sanften Wintersport bevorzugt. Winterwandern, Pferdeschlittenfahrten oder Eislaufen und Rodeln gehören zu den populären Freizeitbeschäftigungen. Im Olympia Sportzentrum in Seefeld gibt es eine Kunsteisbahn sowie eine Natureisbahn. Für Rodler bieten sich vor allem in Leutasch etliche Rodelbahnen an wie etwa die Fahrt vom Katzenkopf, von der Rauthhütte oder von der Wettersteinhütte.

6

Aber Seefeld ist nicht nur der romantisch-gemütliche Urlaubsort, es hat auch eine vornehme Seite. Eine gewisse Luxusnote gehört zu Seefeld, auch wenn es vielleicht nicht gerade den Ruf hat, besonders jugendlich zu sein. Von Ausnahmen wie den alljährlichen großen Snowboardevents mal abgesehen. Man kann im Hallenbad Olympia die Badelandschaften mit Wildbachströmung und die Saunawelt genießen. Daneben sind auch die Spa-Abteilungen etlicher großer Luxushotels öffentlich zugänglich. Es gibt in Seefeld eine ausgeprägte Nobelhotellerie, ein Nachtleben der eher gediegenen Art und für den Traum vom großen Geld auch ein Casino.

Doch zurück zum Langlauf. Man kann mit dem dichten Loipennetz auch einen längeren Winterurlaub füllen. Zwischen Seefeld und Leutasch gibt es gute Verbindungen. Wobei die sportlicheren Loipen eindeutig in Seefeld angesiedelt sind. Oder man läuft in Richtung Scharnitz und von dort weiter bis nach Mittenwald. Dort ist allerdings dann Schluss. Für den Rückweg gibt es auch öffentliche Verkehrsmittel. Was allerdings für einen echten, ambitionierten Langläufer nur in seltenen Ausnahmefällen opportun ist.

Die Loipen bei Seefeld sind für Skiwanderer wie geschaffen.

Olympialoipe Seefeld Gut 283 Kilometer umfasst das Loipenangebot rund um Seefeld. Bis auf einige wenige Loipen kann man in sämtliche Kurse vom Zentrum in Seefeld aus einsteigen. Das

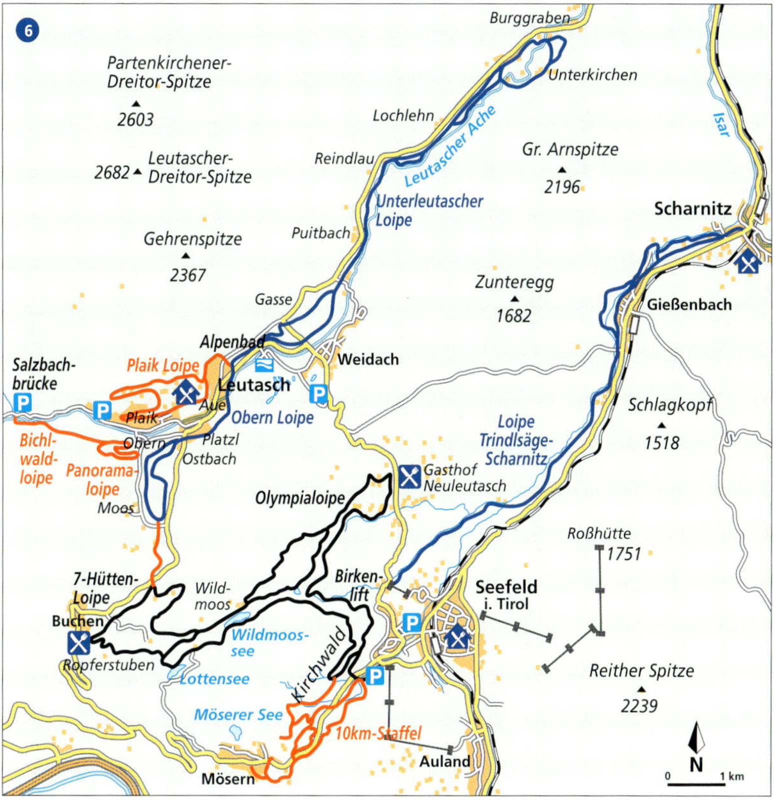

Angebot ist im Vergleich zu Leutasch und Scharnitz betont sportlich. Ein Aushängeschild ist die 25 Kilometer lange Olympialoipe. Sie beginnt im Zentrum in Seefeld, führt dann hinauf auf das Wildmoosplateau vorbei an der Wildmoosalm und dem Wildmoossee und weiter über Lottensee und den Golfplatz vor dem Interalpen-Hotel. Danach geht es in umgekehrter Richtung bis Neuleutasch mit einer längeren Abfahrt und über das Kellental wieder in Richtung Wildmoosalm und schließlich zurück nach Seefeld. Mit 655 Höhenmetern ist diese Tour eine echte Herausforderung.

7-Hütten-Loipe Seefeld Ein wenig länger und ein paar Höhenmeter mehr: das unterscheidet sie von der Olympialoipe. Anfangs genauso zum Lottensee. Dann links bergauf bis Bärenbrand und nach

6

einer Abfahrt zum Gasthof Ropferstuben. Über die Buchener Höhe kommt man zum Muggenmoos. Über die Ferienkolonie Wildmoos läuft man zur Wildmoosalm und bis Neuleutasch. Beim Gasthof Neuleutasch ist der Wendepunkt, und dann geht es wieder nach Seefeld zurück. Bilanz: 26 Kilometer und über 700 Höhenmeter.

10-Kilometer-Staffel Seefeld Ein mittelschwerer Skating-Rundkurs, der vom Olympia-Sport- und Kongresszentrum in Seefeld am Casino vorbei ortsauswärts in Richtung Südwesten führt. Nach der Olympiaschanze folgt der Aufstieg durch den Seewald zur Möserer Höhe. Nach der Straßenunterführung läuft man rechts durch die Möserer Mähder und weiter bis zum höchsten Punkt der Runde. Danach geht es bergab und über Mühlegg ins Zentrum von Seefeld und zum Startplatz beim Olympia Sport- und Kongresszentrum.

Triendlsäge – Scharnitz Bei der Talstation des Birken-Lifts startet diese einfache, 20 Kilometer lange Loipe, die Seefeld mit Scharnitz verbindet. Der Birkenlift ist etwas außerhalb von Seefeld. Über die Triendlsäge nach Nordosten durch den Lehenwald, dort ist ein kurzes Steilstück zu absolvieren, und über die Bodenalm in Richtung Scharnitz. Parallel zur Bundesstraße, aber in sicherem Abstand, läuft man weiter bis Giessenbach, die erste größere Lichtung auf dieser Strecke. Von dort ist es dann nicht mehr weit nach Scharnitz.

Unterleutascher Loipe Ein leichter und mit 20 Kilometer relativ langer Rundkurs von Leutasch nach Nordosten ins Tal der Leutascher Ache. Start ist beim Alpenbad, von dort läuft man ortsauswärts über die Siedlungen Gasse und Lehner und folgt dem Lauf der Leutascher Ache bis Unterkirchen und dem Wendepunkt am Burggraben. Zurück geht es dann in umgekehrter Richtung.

Obern-Loipe Ein leichter, 10 Kilometer langer Rundkurs, der beim Alpenbad beginnt und nach Südwesten am Gemeindehaus vorbei über die Ortsteile Aue, Platz und Ostbach bis nach Obern führt. In Obern dreht die Loipe dann nach Süden bis Moos. Dort ist der Wendepunkt, und man kehrt auf dem entsprechenden Weg wieder zurück zum Alpenbad in Leutasch. In Moos hat man übrigens eine Anschlussmöglichkeit an die Loipe von Moos bis Katzenloch in der Nähe des Interalpen-Hotels. Und von dort könnte man auch weiter bis nach Seefeld laufen.

Plaik-Loipe Von Leutasch nach Westen führt dieser 10 Kilometer lange, mittelschwere Rundkurs: Auch hier startet man am Alpenbad

und läuft am nördlichen Talrand entlang nach Westen. Nach dem Aufstieg bis zum Adlerhof läuft man weiter bis zum Kniepass. Hier wendet die Loipe und geht nun in entgegengesetzter Richtung bergab bis Plaik und dann bis zum Wendepunkt. Über Klamm und Plaik läuft man über das Kirchplatzl zurück zum Alpenbad.

Viele gepflegte Loipen gibt es rund um Seefeld.

Panoramaloipe Schöne Aussichten verspricht die kurze Rundloipe, die im Ortsteil Obern westlich von Leutasch startet. Der 2,5 Kilometer lange, mittelschwere Rundkurs verläuft zunächst nach Westen vorbei am Liesenegg-Lift, absolviert einen längeren Anstieg, macht dann eine Schleife und landet nach einer steilen Abfahrt wieder am Ausgangsort.

Bichlwald-Loipe Dieser 3,5 Kilometer lange Rundkurs ist praktisch die Verlängerung der Panorama-Loipe. Beim Liesenegg-Lift läuft man nicht rechts die Schleife der Panorama-Loipe, sondern geradeaus weiter in den Bichlwald bis zum Parkplatz an der Salzbachbrücke und dann zurück. Auf der kurzen Strecke sind freilich rund 130 Höhenmeter zu überwinden.

7 Mittenwald

Gemütlich in hochalpiner Umgebung

km 20 km

leicht bis mittel

Lage: Mittenwald, im oberen Isartal zwischen Karwendel- und Wettersteingebirge nahe der Grenze zu Tirol, spurt seine Loipen zwischen Mittenwald und dem Tiroler Grenzort Scharnitz.
Gesamtlänge: 20 km
Schwierigkeit: Leicht bis mittel
Kategorie: Klassisch und Skating
Anfahrt: *Auto*: Man erreicht Mittenwald über die A 95 München – Garmisch-Partenkirchen und fährt ab Garmisch weiter auf der B 2 über Krün bis Mittenwald. *ÖV*: Bahnfahrer kommen von München aus über Garmisch-Partenkirchen direkt nach Mittenwald.
Start: Der Startplatz ist am Südrand von Mittenwald bei den Sportanlagen Riedboden nahe der Bundesstraße.
Skiverleih: Karwendelsport, Hochstr. 2, 82481 Mittenwald, Tel.: 08823/926 98 21, Internet: www.karwendelsport.de
Einkehr/Übernachtung: Zahlreiche Gasthöfe und Hotels in Mittenwald
Information: Kurverwaltung Mittenwald, Dammkarstraße 3, 82481 Mittenwald, Tel.: 08823/3 39 81, Internet: www.mittenwald.de

Das gemütliche Geigenbauerdorf auf 912 Meter Höhe zu Füßen der Karwendelspitze ist Deutschlands höchst gelegener Wintersportort. Deshalb mangelt es auch selten an Schnee, weder auf den leichten Pisten am Skigebiet Kranzberg westlich von Mittenwald noch auf dem legendären Dammkar. Die hochalpine Abfahrt von der Karwendelspitze mit über 1300 Höhenmetern ist ja seit einigen Jahren Deutschlands erstes offizielles Freeride-Revier und hat damit dem eigentlich eher gemütlichen Ort einen deutlich jugendlicheren Akzent gebracht. Zur Bergstation auf 2384 Meter kommt man mit der Karwendelbahn, deren Talstation am Ortsrand direkt an der Bundesstraße ist. An schönen Tagen ist die Fahrt wegen der herrlichen Aussicht auch für Nichtskifahrer reizvoll. Ansonsten gibt es zahlreiche Winterwanderwege, eine Rodelbahn am Kranzberg und Möglichkeiten zum Eislaufen oder Pferdeschlittenfahrten. Eine schöne Tour führt zum Beispiel von Mittenwald über den Lautersee und Ferchensee entlang des Ferchenbachs bis nach Elmau. Sehenswert ist vor allem das Ortszentrum mit den alten Häuserfassaden und den typischen Lüftlmalereien. Daneben kann man sich im Museum in der Ballenhausgasse über die Geschichte des Geigenbaus informieren.

Auch wenn die Umgebung von Mittenwald mit der Karwendelspitze und dem Wettersteingebirge beeindruckend hochalpin wirkt –

7

die Langlaufloipen sind eher gemütlich. Und das liegt daran, dass die Loipen sich auf dem weitgehend flachen Riedboden im Isartal zwischen Mittenwald und Scharnitz ausbreiten. Dort gibt es neben der klassischen Rundtour bis Scharnitz und zurück noch einige kürzere Varianten. Und man kann über Scharnitz im Prinzip bis nach Seefeld weiterlaufen. Das ist mit gut 30 Kilometer aber nur etwas für konditionsstarke Läufer.

Mittenwald – Scharnitz Beim Sportzentrum Riedboden am Südrand von Mittenwald direkt an der Bundesstraße ist der Startplatz für alle Mittenwalder Loipen. Hier gibt es auch einen Wachs- und Umkleideraum sowie Toiletten. Die Tour nach Scharnitz und zurück ist etwa 10 Kilometer lang und überwiegend leicht mit einigen anspruchsvolleren Passagen. Man läuft entlang der Isar direkt nach Süden bis zur Scharnitzer Klause. Dort macht die Loipe dann einen weiten Bogen auf dem Riedboden und führt zurück nach Mittenwald. Bei der Scharnitzer Klause kann man dann abzweigen und das kurze Stück nach Scharnitz laufen. Dort schließt direkt die Loipe nach Seefeld an, die entlang dem Bachlauf und der Bundesstraße ohne Umwege nach Seefeld weiter führt.

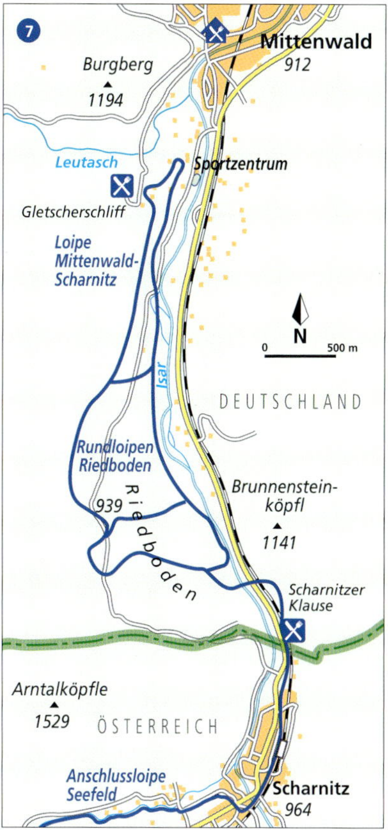

Rundloipe Riedboden Vom Startplatz Riedboden aus bieten sich auch noch kürzere Varianten an, die im Prinzip wie die Loipe nach Scharnitz beginnen, aber nach 2 bzw. 3 Kilometer die Wende zurück nach Mittenwald anbieten. Außerdem gibt es auf dem Riedboden noch eine 4 Kilometer lange Skatingloipe und einen 1,2 Kilometer langen Rundkurs, der Montag-, Mittwoch- und Freitagabend beleuchtet wird.

8 Krün

Flach und offen nach allen Seiten

km 63 km

leicht bis mittel

Lage: Krün liegt im oberen Isartal nördlich von Mittenwald direkt an der Bundesstraße B 2. Das Loipennetz liegt auf ortsnahem Gebiet zwischen Krün und Wallgau sowie um den Barmsee bis Gerold und weiter bis Kaltenbrunn.
Gesamtlänge: 63 km
Schwierigkeit: Leicht bis mittel
Kategorie: Klassisch und Skating
Anfahrt: *Auto:* Krün erreicht man über die A 95 München – Garmisch über die Ausfahrt Kochel am See und weiter über die B 11 über Kochel und Walchensee oder auf der A 95 bis Garmisch-Partenkirchen und auf der B 2 bis Krün.
ÖV: Mit der Bahn über Garmisch-Partenkirchen in Richtung Mittenwald zur Station Klais, dem Nachbarort von Krün.
Start: Da die Loipen bei entsprechender Schneelage alle miteinander verbunden sind, kann man von Krün aus starten. Es gibt eine Verbindungsloipe, die direkt nach Westen zu den Loipen führt.
Skiverleih: Karwendelsport, Hochstr. 2, 82481 Mittenwald, Tel.: 08823/926 98 21, Internet: www.karwendelsport.de
Einkehr/Übernachtung: Zahlreiche Gasthöfe und Hotels in Krün und Klais
Information: Tourist-Information, 82494 Krün, Tel.: 08825/10 94, Internet: www.kruen.de

Im Vergleich zu den berühmten Nachbarorten Garmisch-Partenkirchen im Westen und Mittenwald im Osten führt das kleine Krün an der Isar ein eher beschauliches Dasein. Dabei gibt es gerade für Langläufer hier, wo sich das Isartal zwischen Karwendel,

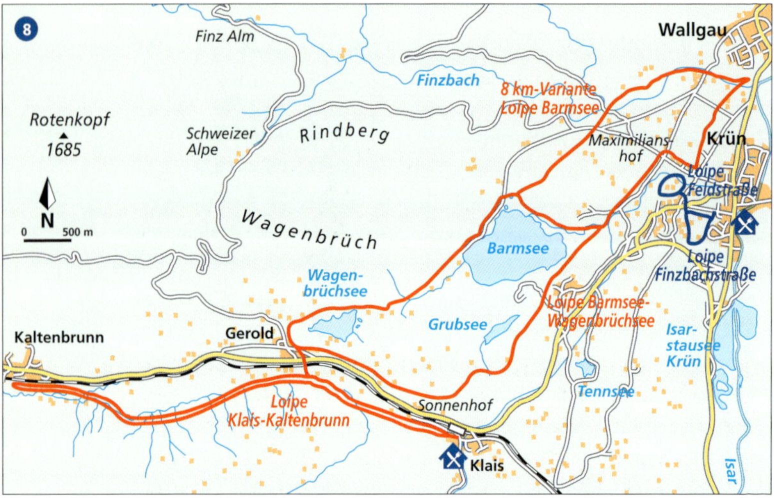

8

Wetterstein und Estergebirge weit öffnet, ein ideales Gelände. Und das auf relativ schneesicheren 875 bis 1050 Höhenmetern. Das flache und offene Terrain und dazu der Barmsee, der Wagenbruchsee sowie der Isarstausee schaffen bevorzugte Voraussetzungen für den sanften Wintersport. Auch wenn es am Barmsee eine leichte Skiabfahrt gibt, Alpinisten zieht es verständlicherweise eher nach Garmisch-Partenkirchen oder nach Mittenwald. Dabei hat Krün als Urlaubsort eine erstaunliche Tradition. Das erste Hotel wurde am Barmsee bereits 1879 erbaut. 1916 folgte dann das romantische Schloss Elmau in einem Seitental südwestlich von Krün. Heute eine renommierte Adresse nicht nur für Wellnessurlauber, sondern wegen des attraktiven Veranstaltungsprogramms auch für Kunstfreunde.

Besonders umfangreich ist das Angebot an Winterwanderwegen. Allein der Isartaler Rundwanderweg ist stolze 30 Kilometer lang. Schlittschuhläufer und Eisstockschützen finden jeweils in Krün und Klais einen Natureisplatz. Auch Langläufer haben eine bemerkenswerte Auswahl. Einmal ist das Loipennetz um Krün und Klais sehr umfangreich. Dann gibt es noch die Verbindung zum Nachbarort Wallgau. Von dort aus geht es hinein ins Isartal bis nach Vorderriß. Und damit nicht genug, denn theoretisch könnte man fast durchgehend über Lenggries bis nach Bad Tölz weiterlaufen.

Loipe Finzbachstraße Recht zentrumsnah ist dieser einfache 1,5 Kilometer lange Rundkurs, der zwischen Krün und dem Ortsteil Bärnbach an der Finzbachstraße liegt. Die Loipe wird auch abends beleuchtet.

Loipe Feldstraße Gleich daneben auf der Südseite der Feldstraße befindet sich dieser einfache und nur 1 Kilometer lange Rundkurs. Zwischen beiden Loipen wird auch eine Verbindung gespurt.

Barmsee – Wagenbrüchsee Von Krün aus läuft man auf dieser 20 Kilometer langen, mittelschweren Rundloipe über den Barmsee bis zum Wagenbrüchsee, der auch als Geroldsee bezeichnet wird, und dann über den Barmsee zurück. Start ist an der Krottenkopfstraße in Krün. Dann läuft man bis zum Maximilianshof und von dort entweder rechts oder links bis zum Ufer des Barmsees. Am Nordufer des Barmsees entlang geht es weiter nach Westen bis

8

zum Wagenbrüchsee und zur Ortschaft Gerold. In Gerold wendet die Loipe und führt entlang der Bundesstraße in Richtung Klais und dann weiter nach Norden bis zum Maximilianshof und nach Krün zurück.

Es gibt eine 8 Kilometer lange Variante, die nur bis zum Barmsee führt und dann nach Krün zurückkommt.

Klais – Kaltenbrunn Eine 15 Kilometer lange, mittelschwere Rundloipe von Klais in Richtung Garmisch-Partenkirchen bis Kaltenbrunn. Man startet in Klais am Schützenhaus und läuft südlich der Bundesstraße und der Bahnstrecke nach Westen. Bei Gerold gibt es einen Anschluss nach Norden zur Barmsee-Loipe. Direkt bei Kaltenbrunn macht die Loipe eine Kehre und führt parallel nach Klais zurück.

Malerisch: Der Achensee im Winter

Achensee

Reizvolle Täler in verlässlicher Höhenlage

9

km 150 km

leicht bis schwer

Lage: Zwischen Inntal und Tegernsee liegt, vereinfacht beschrieben, der Achensee mit seinen Hauptorten Achenkirch, Maurach und Pertisau. Zur Region gehört auch Steinberg im Rofan.
Gesamtlänge: 150 km
Schwierigkeit: Leicht bis schwer
Kategorie: Klassisch und Skating
Anfahrt: *Auto:* Die bequeme, aber etwas weitere Anfahrt erfolgt über die A 8 München – Salzburg und die Inntalautobahn bis zur Ausfahrt Wiesing. Dort nimmt man die kurvenreiche Straße hinauf bis Maurach und zum Achensee. Kürzer, aber umständlicher ist die Fahrt von der Ausfahrt Holzkirchen der A 8 München – Salzburg und weiter über den Tegernsee, Kreuth und den Achenpass.
ÖV: Mit dem Zug geht es via Rosenheim bis zur Bahnstation Jenbach und von dort weiter mit dem Bus. Die nostalgische Achenseebahn fährt nur im Sommer.
Start: Sämtliche Loipen kann man in den Orten starten. In Achenkirch im Langlaufzentrum Adlerhof, in Maurach beim Skischulsammelplatz bei der Raiffeisenkasse, in Pertisau bei der Langlaufstube am Langlaufparkplatz.
Skiverleih: In A-6215 Achenkirch: Skischule Karwendel, Tel.: 0043/5246/227; Skischule ABC, Tel.: 0043/664/4 43 11 21; Skischule Achensee, Tel.: 0043/5246/68 68; Sport Busslehner, Tel.: 0043/5246/63 16; In A-6212 Maurach am Achensee: Rofan Sport, Tel.: 0043/5243/52 09; Sport Ruprechter, Tel.: 0043/5243/52 28; Sporthaus Wex, Tel.: 0043/5243/51 16; Skischule Maurach, Tel.: 0043/5243/43 10 In A-6213 Pertisau: Sport Leithner, Tel.: 0043/5243/53 63 63; Skischule Achensee, Tel.: 0043/5243/58 71 Skischule Karwendel, A-6215 Steinberg am Rofan, Tel.: 0043/5248/227
Einkehr/Übernachtung: Zahlreiche Gasthöfe und Hotels in den Orten Achenkirch, Maurach, Pertisau und Steinberg
Information: Achensee Tourismus, Rathaus, A-6215 Achenkirch, Tel.: 0043/5246/53 00, Internet: www.achensee.com

Eingebettet zwischen Karwendel und Rofan umfasst der Achensee knapp sieben Quadratkilometer. Fährt man von Süden her zum Achensee, erreicht man zunächst die Ortschaft Maurach mit der Talstation der Rofanseilbahn, die bis auf 1840 Meter hinauffährt. Auf der gegenüberliegenden Seeseite ist die Ortschaft Pertisau mit der Karwendelbahn auf den Zwölferkopf. Und schließlich ist dann noch auf der Nordseite des Achsensees der Ort Achenkirch. Dort fahren die Lifte hinauf zum Christlum. Skipisten gibt es an allen drei Orten. Das beste Angebot ist zweifellos am Christlum bei Achenkirch. Ein Fall für Naturliebhaber und Romantiker ist das abgelegene Steinberg mitten im Rofangebiet, das man auf einer kurvenreichen Straße nördlich von Achenkirch erreicht.
Seit einiger Zeit nennt sich die Achenseeregion »Tirols Sport & Vital Park«. Eine Bezeichnung, die durchaus zutrifft. Am Achensee

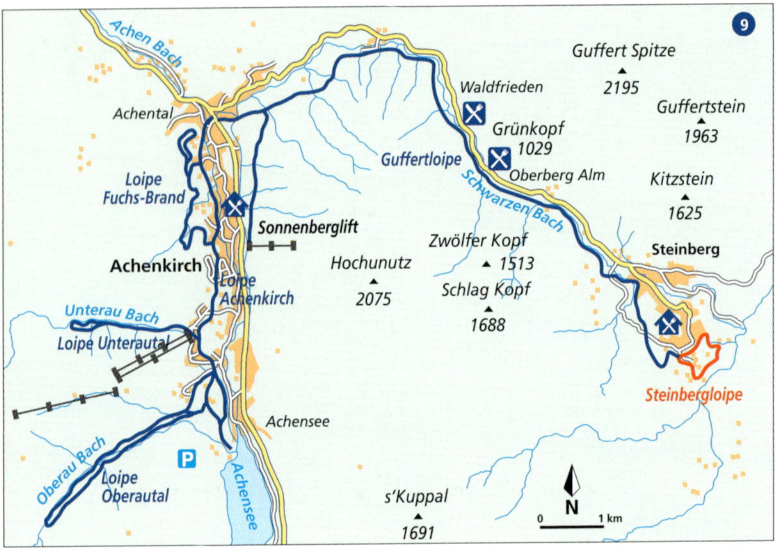

gibt es nicht nur etliche noble Wellnesshotels, sondern ein überaus vielseitiges Wintersportangebot. Dazu zählen neben den drei Skigebieten noch einige Rodelbahnen, Schneeschuh- und Winterwanderungen, Pferdeschlittenfahrten und auch ungewöhnliche Sportarten wie Snowtubing oder Snowbikes. Beim Snowboatrafting wird man in einem Raftingboot sitzend von einem Skidoo über den Schnee gezogen. Die Skischule Achensee in Pertisau bietet übrigens auch Einsteigerkurse beim Skispringen an.

Auch ungewöhnlich: In Pertisau im Erlebniszentrum Tiroler Steinöl kann man sich zeigen lassen, wie aus dem Fels heraus das Tiroler Steinöl gewonnen wird, das unter anderem für kosmetische Zwecke verwendet wird.

Einen exzellenten Ruf haben die über 150 Kilometer langen Loipen am Achensee, wobei sie praktischerweise von den Orten aus zentral erreichbar sind. Zwischen Maurach und Pertisau sowie zwischen Achenkirch und Steinberg gibt es Verbindungsloipen. Genug also, um Tagesausflüge oder stattliche Langlaufferien zu füllen. Und ein weiterer Vorteil der Loipen am Achensee ist die Höhenlage: Sämtliche Touren liegen zwischen 900 und 1200 Meter Höhe. Beste Voraussetzungen also für gute Schneeverhältnisse.

9

Loipe Achenkirch Eine leichte, gut 10 Kilometer lange Rundloipe, die in Achenkirch beim Langlaufzentrum Adlerhof startet. Sie ist anfangs mit der Loipe Oberautal identisch, führt nach Südwesten und schließlich weiter bis zum Campingplatz, macht dann eine Kehre und verläuft vorbei am Annakirchl bis zur Talstation des einstigen Weinhaus-Liftes. Zurück geht es dann in entgegensetzter Richtung nach Achenkirch und zum Langlaufzentrum.

Loipe Oberautal Auch hier startet man im Langlaufzentrum Adlerhof und läuft wie bei der Achenkirch-Loipe nach Südwesten. Die Oberau-Loipe ist ebenfalls eine leichte Tour und mit 7 Kilometer etwas kürzer. Dann zieht sie hinein ins Oberautal und auf der linken Talseite durch lichten Wald bis zur Kehre beim Gamslahner. Danach läuft man wieder talauswärts bis nach Achenkirch und zum Langlaufzentrum.

Loipe Unterautal Beim Langlaufzentrum Adlerhof startet diese leichte, 6 Kilometer lange Rundstrecke. Zunächst läuft man nach Westen bis zur Achenkirch-Loipe und folgt dieser bis zum Eingang des Unterautals. Dort geht es nach Westen hinein ins Unterautal zuerst rechts und dann links vom Wanderweg und weiter durch den Wald bis zur Wende. Zurück läuft man dann wieder talauswärts bis zur Loipe Achenkirch und zum Ausgangspunkt der Tour.

Loipe Fuchs – Brand Ein 6 Kilometer langer, leichter Skating-Rundkurs, der beim Annakirchl von der Achenkirch-Loipe abzweigt. Nach der Kirche folgt ein Anstieg zur Fuchs, anschließend eine waldreiche Passage bis Brand und dann auf demselben Weg in entgegengesetzter Richtung wieder zurück.

Maurach – Buchau Eine 10 Kilometer lange, leichte Loipe, die beim Langlauf-/Skischul-Sammelplatz in Maurach beginnt. Zuerst läuft man nach Nordwesten, quert die Landstraße und folgt der Loipe bis zum Prälatenhaus. Hier wendet man und läuft nun parallel zurück bis zur Brücke über den Wankradbach, nach Seespitz, zum Campingplatz Karwendel und schließlich in einer weiten Kehre zurück zum Sammelplatz.

Panoramaloipe Diese 6 Kilometer lange, leichte Loipe startet ebenfalls beim Sammelplatz in Maurach und führt nach Nordwesten am Seeufer entlang direkt nach Pertisau. Eine landschaftlich schöne Tour, mit der man in der einen oder anderen Richtung Anschluss zu den Loipen des Nachbarortes hat.

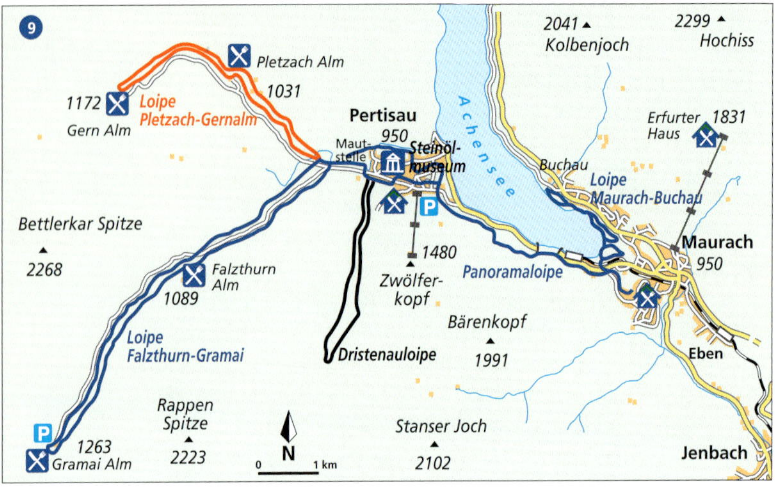

Loipe Falzthurn – Gramai Landschaftlich reizvoll ist auch diese Loipe, die in Pertisau bei der Langlaufstube startet und nach Südwesten hinein ins Falzthurntal führt. Über die Falzthurnalm geht es bis zur Gramaialm leicht bergauf. Dort ist auch der Wendepunkt der insgesamt 18 Kilometer langen Loipe.

Loipe Pletzach – Gernalm Deutlich kürzer, aber anspruchsvoller ist diese Loipe, die von Pertisau aus in ein Seitental führt. Ausgangspunkt ist der Platz bei der Langlaufstube in Pertisau. Dann geht es auf der 9 Kilometer langen Pletzach-Loipe bis zur Pletzachalm, die gut 100 Meter höher als Pertisau liegt. Weiter taleinwärts läuft man am Bach entlang bis zur Gernalm zum Wendepunkt der Loipe.

Dristenau-Loipe Ein 11 Kilometer langer, schwieriger Rundkurs, der in Pertisau bei der Langlaufstube startet und nach Süden in die Dristenau bis auf 1190 Meter Höhe führt.

Guffert-Loipe Die einfache, 12 Kilometer lange Loipe startet beim Sonnenberg-Lift in Achenkirch und führt nach mit Steinberg im Rofangebiet. Man läuft entlang der Südseite der Straße von Achenkirch nach Steinberg.

Steinberg-Loipe Von der Guffert-Loipe kommt man in Steinberg direkt zu dieser mittelschweren Loipe, die in mehreren weiten Bögen über die Felder von Steinberg verläuft und mit etlichen Anstiegen und Abfahrten ausgestattet ist.

Lenggries

10

Schmankerltouren entlang wildromantischer Flussläufe

km 70 km

leicht bis schwer

Lage: Lenggries im oberen Isartal ist etwa 8 km von Bad Tölz entfernt, nach Süden zu. Die Loipen befinden sich im Isartal bei Lenggries und südwestlich davon beim Sylvensteinsee sowie in der Eng und in der Jachenau.
Gesamtlänge: 70 km
Schwierigkeit: Leicht bis mittelschwer
Kategorie: Klassisch und Skating
Anfahrt: *Auto:* Man erreicht Lenggries entweder über die A 95 München – Garmisch-Partenkirchen und dann über Bad Tölz und die B 13 nach Süden oder über die A 8 München – Salzburg über die Ausfahrt Holzkirchen und dann via Bad Tölz und die B 13.
ÖV: Auch die Bayerische Oberlandbahn fährt den Ort von München aus via Bad Tölz an.
Start: Für die Loipe ins Schwarzenbachtal sowie die Verbindungsloipe über Arzbach nach Bad Tölz startet man bei der Brauneck-Talstation. Für die restlichen Loipen liegen die Startplätze außerhalb von Lenggries.
Skiverleih: Ski- und Snowboardschule Lenggries, Am Draxlhang/Wegscheid, 83661 Lenggries, Tel.: 08042/36 36
Skischule Ecki Kober, Am Jaudenhang, 83661 Lenggries, Tel.: 08042/50 97 99
Sport Sepp, Gaißacher Str. 1, 83661 Lenggries, Tel.: 08042/25 89
Einkehr/Übernachtung: Zahlreiche Gasthöfe und Hotels in Lenggries
Information: Gästeinformation, Rathausplatz 2, 83661 Lenggries, Tel.: 08042/5 01 80, Internet: www.lenggries.de

Ein kleiner Ort mit großem Angebot. Lenggries kennen Wintersportler vor allem wegen des Skigebiets am Brauneck und wegen der Skistars Martina Ertl und Hilde Gerg, die hier zu Hause sind. Neben den Pisten gibt es allerdings noch die klassischen Angebote wie Rodeln am Brauneck, Pferdeschlittenfahrten und Winterwanderungen. Eine Attraktion ist auch das Erlebnisbad Isarwelle in der Goethestraße neben der Hauptschule. Für Langläufer hat Lenggries in der näheren Umgebung echte Schmankerl parat. Nicht sehr anspruchsvoll, aber landschaftlich besonders schön sind die Loipen in die Jachenau, nach Vorderriß und hinein in die Eng, die schon auf Tiroler Gebiet liegt. Außerdem gibt es über Vorderriß eine Anschlussloipe bis nach Wallgau.

Das gemütliche Lenggries am Fuße des Braunecks

Schwarzenbachtal Eine 7 Kilometer lange, mittelschwere Rundtour, die in der Nähe der Brauneck-Talstation beginnt. Man startet beim Draxl-Liftstüberl und läuft vorbei an den Gilgenhöfen nach Süden bis zum Eingang ins Schwarzenbachtal über ein recht abwechslungsreiches Gelände.

10

Dort geht es ein Stück entlang der Straße bis zum Wendepunkt. Bei Obermurbach kurz vor Lenggries endet die Schleife und man kommt auf derselben Loipe zum Ausgangspunkt zurück.

Jachenau-Loipe Das Jachental mit der Jachenau ist ein wildromantisches Seitental des Isartals. Diese einfache Loipe führt hinein ins Tal bis zur Jachenau und ist insgesamt 30 Kilometer lang. Ein Teil der Loipe vor der Jachenau ist auch für Skater präpariert. Zum Ausgangspunkt bei der kleinen Ortschaft Leger fährt man entweder mit dem Auto oder mit dem Linienbus von Lenggries. Kurz nach dem Café Landerer Mühle hält man sich links und fährt zum Parkplatz am Stüberl. Zunächst führt die Loipe südlich der Straße hinein ins Tal bis Tannern. Dort gabelt sie sich, und man läuft auf der südlichen Variante weiter in Richtung Jachenau. Kurz vor der Jachenau läuft man dann rechts in das Dorf. Für den Rückweg macht die Loipe eine Schleife um Jachenau und geht dann talauswärts weiter. Wer den Rückweg sparen und womöglich lieber einen Einkehrschwung in Jachenau machen will, der kann auch mit dem Bus zurück nach Leger oder Lenggries fahren.

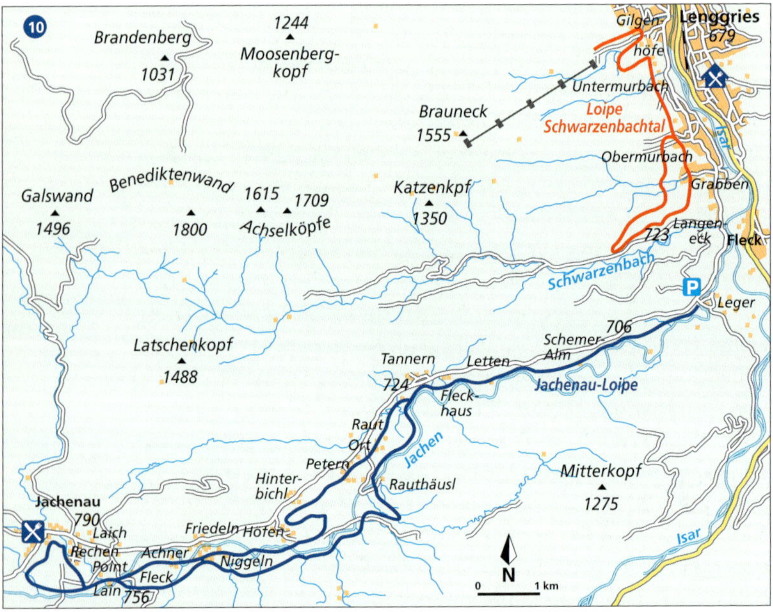

10

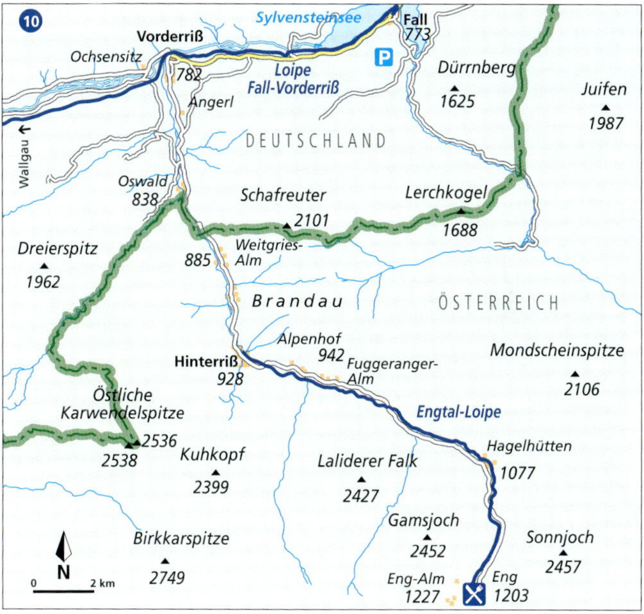

Fall – Vorderriß Eine der schönsten Loipen im Isarwinkel führt vom Sylvensteinsee nach Westen bis Vorderriß und in der Verlängerung weiter bis Wallgau. Die leichte Strecke ist 8 Kilometer lang. Start ist im kleinen Ort Fall am Sylvensteinsee, den man auf der Bundesstraße B 13 von Lenggries aus erreicht. Beim Hotel Jäger von Fall gibt es ausreichend Parkmöglichkeiten. Zunächst zieht die nur klassisch gespurte Loipe direkt am Seeufer entlang nach Westen. Am Ende des Sees begleitet sie die Isar durch die idyllische Auenlandschaft bis nach Vorderriß. Zurück geht es auf derselben Loipe.

Engtal-Loipe Einsam und romantisch ist diese Loipe in der herrlichen Landschaft der Eng. Eine gut 30 Kilometer lange Strecke hin und zurück, die in Hinterriß beginnt. Von Lenggries aus fährt man auf der Bundesstraße B 13 über Fall bis Vorderriß, biegt dort rechts ab und fährt weiter nach Süden bis Hinterriß. Vom Gasthof Post aus läuft man nun im Flussbett der Riß mit leichten Anstiegen in südöstlicher, dann nach den Hagelhütten in südlicher Richtung über den Großen Ahornboden bis Eng und zum Talschluss. Zurück geht es dann auf derselben Loipe nach Hinterriß.

11 Bad Tölz

Die schönsten Loipen der Region

km 69 km

leicht bis mittel

Lage: Bad Tölz liegt südlich von München im Isarwinkel am Rande der Voralpen. Die Loipen verlaufen von Bad Tölz aus zum Teil entlang der Isar nach Norden und Süden.
Gesamtlänge: 69 km
Schwierigkeit: Leicht bis mittel
Kategorie: Klassisch und Skating
Anfahrt: *Auto:* Nach Bad Tölz kommt man entweder über die A 8 München – Salzburg bis zur Ausfahrt Holzkirchen und dann weiter auf der B 13 und B 472 nach Süden oder über die A 95 München – Garmisch-Partenkirchen bis zur Ausfahrt Sindelsdorf und weiter auf der Bundesstraße B 472.
ÖV: Von München aus gibt es mit der Oberlandbahn stündliche Verbindungen mit Bad Tölz.
Start: Startplätze mit Parkmöglichkeiten sind jeweils am Ortsrand von Bad Tölz beim Freibad und am Nordic-Fitness-Park bzw. bei Gaißach im Ortsteil Mühl.
Skiverleih: Skischule Brauneck, Am Steidlhang, 83661 Lenggries, Tel.: 08042/33 79,
Internet: www.skischule-brauneck.de
Skischule HiSki, Gilgenhöfe 9, 83661 Lenggries, Tel.: 08042/42 40
Einkehr/Übernachtung: Zahlreiche Gasthöfe und Hotels in Bad Tölz
Information: Tourist-Information Bad Tölz, Max-Höfler-Platz 1, 83646 Bad Tölz, Tel.: 08041/7 86 70,
Internet: www.bad-toelz.de

Ob man nun Bad Tölz als Kurort oder von der populären Fernsehserie »Der Bulle von Tölz« her kennt, eine bayerische Bilderbuchlandschaft ist die Gegend im Isarwinkel in jedem Fall. Bis Ende des 19. Jahrhunderts lebte man zu einem erheblichen Teil von der Flößerei, die ja heute Freizeitspaß ist, und dann kam der Kurtourismus. Und der prägt Bad Tölz auch heute noch mit den Kuranlagen und eleganten Villen. Überhaupt ist ein Spaziergang durch den Ort vor allem wegen der historischen Marktstraße und der eindrucksvollen barocken Häuserensembles empfehlenswert. Typisch für Bad Tölz sind die Lüftlmalereien an den alten Häuserfassaden, die im 18. und 19. Jahrhundert entstanden sind. Etwas von der Tradition der Flößer verspürt man bei einem Spaziergang durch das alte Flößerviertel Gries. Wer sich mehr für die Geschichte des Ortes und der Umgebung interessiert, dem sei ein Besuch des Heimatmuseums im ehemaligen Rathaus in der Marktstraße 48 empfohlen, das von Donnerstag bis Sonntag geöffnet ist. Erwähnenswert ist noch, dass es seit einiger Zeit in der ehemaligen Flint-Kaserne der US-Armee am Ortsrand von Bad Tölz ein attraktives Kulturzentrum gibt.

11

Und eine andere Sehenswürdigkeit von Tölz ist natürlich das Alpamare, ein Bade- und Freizeitcenter mit Wildwasserbahnen, Saunalandschaften, Surfanlage und diversen anderen Wasserspektakeln. Das Erlebnisbad in der Ludwigstraße direkt bei den Kuranlagen ist natürlich eine gute Ergänzung nach Ausflügen auf die Loipe. Zum Thema Wintersport hat Bad Tölz kein großes Skigebiet vorzuweisen. Am Blomberg westlich des Ortes sind einige Abfahrten planiert, vor allem aber locken die Pisten am Brauneck bei Lenggries, die nur wenige Autominuten entfernt sind. Am Blomberg gibt es übrigens die längste Naturrodelbahn Deutschlands mit rund 5 Kilometern, die allerdings recht steil ist. Bequemer geht es dagegen auf den zahlreichen Winterwanderwegen im Isartal zu.

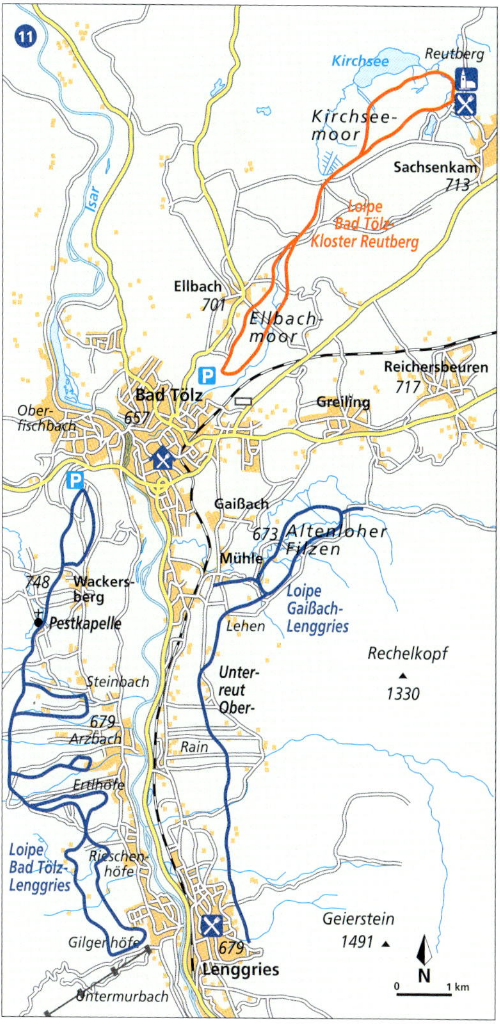

Für Langläufer ist der Isarwinkel natürlich interessant. Denn einmal zählt die Loipe von Bad Tölz zum Kirchsee und zum Kloster Reutberg zu den schönsten Loipen in der Region. Und dann hat man mit den anderen beiden Loipen hinein ins Isartal bis Lenggries nicht nur abwechslungsreiche Strecken, sondern auch noch die Möglichkeit,

11

über Lenggries ein wirkliches Langlaufparadies zu erschließen. Und das nicht nur, weil im oberen Bereich des Isartals eindeutig mehr Schneesicherheit herrscht, sondern vor allem, weil man über Lenggries zum Beispiel zu den herrlichen Loipen in der Jachenau kommt. Weiter südlich am Sylvensteinsee beginnt beispielsweise die Loipe über Vorderriß bis Wallgau und Krün. Und dann ist man auch schon im Werdenfelser Land und könnte theoretisch bis nach Garmisch-Partenkirchen laufen. Rein theoretisch natürlich.

Bad Tölz – Kloster Reutberg Die 15 Kilometer lange Rundtour von Bad Tölz nach Norden zum Kloster Reutberg und zum Kirchsee ist gewissermaßen die Vorzeigeloipe im Isarwinkel. Eine landschaftlich reizvolle Strecke, leicht bis mittelschwer, nur klassisch gespurt und dazu mit einem idyllischen Ziel. Ausgangspunkt ist der Parkplatz beim Städtischen Freibad in Bad Tölz. Von dort orientiert man sich zunächst nach Nordosten, streift das Ellbachmoor und läuft dann weiter nach Norden mit einem längeren Steigungsstück bis zum Naturschutzgebiet Kirchseemoor. Hier hat man nun die Möglichkeit, auf der entgegenkommenden Spur zurück nach Bad Tölz zu laufen. Reizvoller ist es natürlich, die Tour nach Nordosten fortzusetzen. Durch das Kirchseemoor kommt man nun in die Nähe des Sees, läuft dann in einem Rechtsbogen bis zum Kloster. Hier bietet sich die Einkehr im Kloster-Bräustüberl an. Der Rückweg nach Bad Tölz führt dann wieder durch das Kirchseemoor und weiter nach Süden bis zum Startpunkt beim Freibad.

Tipp

Eine der schönsten Loipen der Region, manche behaupten sogar in ganz Oberbayern, ist jene in Moosham unweit von Egling nördlich von Bad Tölz. Übrigens die Heimatloipe der bekannten Biathletin Uschi Disl. Die Mooshamer Loipe ist 25 Kilometer lang und klassisch sowie für Skater gespurt. Startplätze sind in Schalkofen, beim Kieswerk in Feldkirchen oder bei der Kirche in St. Leonhard. Infos über den Loipenzustand gibt es unter der Nummer 08176/9 22 35.

Bad Tölz – Lenggries Eine leichte und lange Loipe, die von Bad Tölz über die Wackersberger Höhe bis nach Lenggries führt. Maximale Länge 39 Kilometer. Start ist beim Nordic-Fitness-Park am Südrand von Bad Tölz an der Wackersberger Straße. Hier gibt es auch Parkmöglichkeiten. Zunächst führt die Loipe über leicht hügeliges, aber nicht allzu anstrengendes Gelände nach Süden. Noch vor Wackersberg kann man einen Rundkurs zurück nach Bad Tölz wählen. Die längere Variante geht weiter nach Süden, vorbei an der Pestkapelle zur Rechten und schließlich bis zum Gasthaus Waldherralm. Kurz danach zweigt wieder ein Rundkurs

ab, der diesmal nach Osten bis Steinbach führt. Richtung Lenggries geht es dann nach Süden weiter bis zum Arzbach und zum Campingplatz Arzbach. Bis nach Lenggries ist die Loipe über freies Gelände gespurt, macht dann eine Schleife am Ortsrand. Zurück in Richtung Bad Tölz geht es nach Norden bis Arzbach und weiter auf demselben Weg wie zuvor bis zum Nordic-Fitness-Park.

Abwechslungsreiche Loipen zwischen Bad Tölz und Lenggries

Gaißach – Lenggries Der kleine Ort südlich von Bad Tölz ist nicht nur für seine eindrucksvollen Schlittenrennen bekannt. Man kann auch vorwiegend gemütlich ins Isartal hineinlaufen bis nach Lenggries. Und zwar analog zur Loipe über Wackersberg nun auf der östlichen Talseite. Von Bad Tölz aus startet man am besten in Gaißach-Mühle, einer Siedlung südlich von Gaißach. Dort kommt man am Südrand der Siedlung auf einer Verbindungsloipe auf die Hauptstrecke. Hier kann man nun entweder einen weiten Bogen nach Norden durch die Attenloher Filze laufen, oder man wählt die Loipe nach Süden und läuft schnurstracks durch das Tal über Grundnern bis zum Ortsrand von Lenggries, beim Tiermuseum vorbei, wo später dann die Loipe endet. Eine Alternative wäre es auch, wenn man die beiden Loipen auf der westlichen und östlichen Talseite miteinander kombiniert, also zum Beispiel von Bad Tölz nach Lenggries über Gaißach und zurück über Wackersberg. Allerdings muss man dann zu Fuß einige Minuten durch Lenggries laufen, was man mit einer Einkehr in einem der Lenggrieser Gasthöfe kombinieren kann.

12 Tegernsee

Viele Möglichkeiten inmitten einer Bilderbuchlandschaft

km 75 km

leicht bis schwer

Lage: Der Tegernsee südöstlich von München ist Teil der oberbayerischen Voralpen. Die Loipen befinden sich überwiegend im ebenen Gelände entlang dem Seeufer.
Gesamtlänge: 75 km
Schwierigkeit: Leicht bis schwer
Kategorie: Klassisch und Skating
Anfahrt: *Auto:* Zum Tegernsee kommt man auf der A 8 München – Salzburg über die Ausfahrt Holzkirchen. Dort fährt man auf der B 318 nach Süden und erreicht bei Gmund das Ufer des Sees.
ÖV: Bahnverbindungen von München aus direkt nach Gmund und Tegernsee.
Start: Die Loipen bei Rottach-Egern starten beim Langlauf-Centrum in der Feldstraße. In Gmund am Hausberg-Lift und beim Eisplatz. Die Bad Wiesseer Loipen haben verschiedene Startplätze.
Skiverleih: Langlauf-Centrum, Feldstr. 11, 83700 Rottach-Egern, Tel.: 08022/2 65 61
Sport Romani, Nördl. Hauptstr. 15, 83700 Rottach-Egern, Tel.: 08022/57 98
Skischule Bad Wiessee, Sanktjohanserstraße (gegenüber Hotel Wiesseer Hof), 83707 Bad Wiessee, Tel.: 08022/85 76 77
Hotel Ostler, Sanktjohanserstr. 47, 83707 Bad Wiessee, Tel.: 08022/8 12 84
Einkehr/Übernachtung: Viele Hotels und Gasthöfe in Gmund, Tegernsee, Rottach-Egern und Bad Wiessee
Information: Tegernseer Tal Tourismus, Rathausplatz 1, 83684 Tegernsee, Tel.: 08022/92 73 80, Internet: www.tegernsee.com

Auch wenn die Glanzzeiten des Tegernsees eher Vergangenheit sind, man kann sich auch heute noch vorstellen, dass die Society in Rottach-Egern, Tegernsee und Bad Wiessee gerne logierte. Die Bilderbuchlandschaft, umrahmt von mächtigen Berggipfeln und dazu die bodenständig bayerische Atmosphäre. Urige Bauernhöfe und Wirtshäuser und dazwischen noble Villen und Landsitze. Das gefiel dem Adel und Geldadel. Heute ist es etwas ruhiger. Die Gäste sind normaler und wohl auch etwas älter geworden. Die Sehenswürdigkeiten sind immer noch dieselben. In Bad Wiessee locken Jod- und Schwefelbad, Kurhotels und Casino. In Tegernsee ist das Schloss mit dem legendären Bräustüberl ein Muss für den Tegernsee-Besucher. Oder das Olaf-Gulbransson-Museum im Kurgarten, das an den »Simplicissimus«-Zeichner und Tegernsee-Liebhaber erinnert. Auch Ludwig Thoma wohnte lange am See. Sein einstiges Bauernhaus auf der Tuften ist jedoch nur schwer zugänglich, obwohl es der Stadt München gehört. Ein Kleinod besonderer Art ist übrigens der alte Friedhof von Rottach-Egern mit den Gräbern von Ludwig Thoma, Leo Slezak und vielen anderen Berühmtheiten.
Was den Wintersport angeht, auch da ist der Tegernsee etwas ruhiger geworden. Die Zeiten der großen Skirennen am Sonnenbichl in

12

Bad Wiessee sind lange vorbei. Dort gibt es nach wie vor einige Abfahrten, ebenso am Wallberg die berühmt-berüchtigte Standardabfahrt für Tiefschneeliebhaber. Leichter haben es da schon die Langläufer. Rund um den See verteilt sich ein attraktives Loipenangebot. Allerdings sind die Touren nur teilweise kombinierbar. Rund um Gmund und Ostin gibt es Loipen, die größtenteils aber gute Schneeverhältnisse brauchen, weil sie recht exponiert liegen. Von Gmund aus kann man die Tour mit der Loipe am Golfplatz bei Bad Wiessee verbinden. Deutlich schneesicherer sind die Loipen bei Rottach-Egern. Beim Rottach-Egerner Langlauf-Centrum in Sonnenmoos gibt es nicht nur Duschmöglichkeiten, sondern auch eine Langlaufschule und geführte Langlauf-Wanderungen. Die wohl schneesicherste Loipe rund um den See ist der Rundkurs in Sutten, allerdings ist er sehr sportlich und nur geübten Langläufern zu empfehlen. Dafür kann man in Weissach etwas westlich von Rottach-Egern beim Ringsee zur Loipe starten, die bis nach Kreuth und von dort weiter in das enge Tal bis zur Glashütte führt, deutlich bequemer und sehr schneesicher. Das Loipenangebot rund um den Tegernsee kann sich also sehen lassen und dürfte wohl auch für einen gestandenen Winterurlaub ausreichend sein. Abgesehen davon ist es zu den Loipen am Schliersee und bei Bayrischzell sowie am Achensee auf der Tiroler Seite nicht sehr weit.

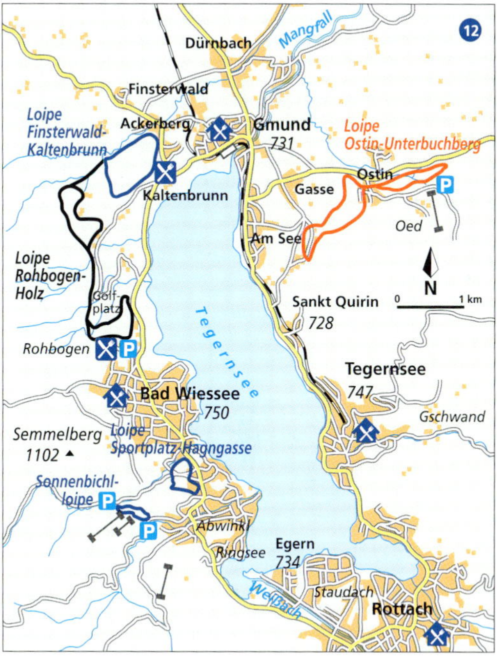

Auch für Freunde der eher sanften Wintersportarten gibt es ein umfangreiches Angebot. Da wären die zahlreichen Winterwander-

12

wege rund um den See, romantische Pferdeschlittenfahrten, diverse Rodelbahnen wie zum Beispiel am Sibli zwischen Enterrottach und Sutten oder vom Riederstein oberhalb der Egerner Bucht. Eislaufplätze gibt es in Enterrottach, in Tegernsee bei der Schießstätte oder in Bad Wiessee bei der Freihausstraße. Das in Bayern sehr populäre Eisstockschießen kann man bei Gmund in Finsterwald ganz in der Nähe der dortigen Loipe testen. Und nach getaner Mühe, egal ob Winterwandern, Eisstockschießen oder Langlaufen, locken etliche Hallenbäder. Da wäre das Aqua Vital in Tegernsee am Kurgarten, das Hallenschwimmbad Pfatischer in der Ludwig-Thoma-Straße in Rottach-Egern sowie der Bade-Park in Bad Wiessee in der Wilhelminastraße. Schließlich sind Sauna oder Massage eine wohltuende Ergänzung nach anstrengenden Stunden in der Loipe.

Ostin – Unterbuchberg Oberhalb des Ufers verläuft diese 12 Kilometer lange, mittelschwere Rundloipe am Tegernsee. Man startet am Parkplatz bei den Oedberg-Liften oder direkt in Ostin, an der Straße nach Agatharied. Ein abwechslungsreicher Rundkurs mit zahlreichen Bergauf- und Bergabpassagen. Unterwegs sind auch einige Straßen zu überqueren.

Finsterwald – Kaltenbrunn Am Nordwestufer des Sees befindet sich diese 8 Kilometer lange und relativ leichte Loipe, die nur einige maßvolle Steigungen hat. Ausgangspunkt ist am Eisplatz in Kaltenbrunn beim Gasthof Feichtner Hof. Die Loipe führt weitgehend über freies Gelände nach Westen, streift dabei die kleine Siedlung Finsterwald. Bei entsprechender Schneelage gibt es einen Anschluss zur Loipe am Golfplatz bei Bad Wiessee.

Rohbogen – Holz Von Bad Wiessee aus führt diese anspruchsvolle, 10 Kilometer lange Loipe beim Golfplatz nach Norden. Start ist beim Rohbogner Hof am Golfplatz oberhalb des Ortes. Dort verläuft die Loipe direkt nach Norden auf offenem Gelände, macht dann eine Kehre und führt zum Golfplatz zurück. Die Loipe lässt sich mit dem Kurs Finsterwald – Kaltenbrunn kombinieren.

Sonnenbichl-Loipe Ein kleiner, flacher Rundkurs von etwas mehr als 1 Kilometer direkt beim Auslauf des Sonnenbichlhangs bei den Liften oberhalb von Bad Wiessee.

Sportplatz – Hagngasse Etwas näher am Ortsbereich von Bad Wiessee ist diese ebenfalls recht leichte Loipe. Der 4 Kilometer

12

lange Rundkurs startet beim Sportplatz und führt über offenes und flaches Gelände. Ein 2 Kilometer langer Teil der Loipe ist täglich abends von 18 bis 21 Uhr beleuchtet.

Sonnenmoos-Loipe Etwas außerhalb von Rottach-Egern am Langlauf-Centrum in der Feldstraße bzw. am Parkplatz bei den Sonnenmoos-Liften startet diese 11 Kilometer lange Loipe. Zunächst geht es auf dem freien Gelände in das Seitental zu Füßen des Wallbergs hinein bis Enterrottach. Von Enterrottach kann man dann etwas weiter nördlich über Kühzagl bis zum Ausgangspunkt zurücklaufen. Insgesamt eine leichte Tour. Eine Variante ist die Spur etwas weiter oben am Waldrand auf der Südseite des Tals, die bis kurz vor Hagrain und Sonnenmoos parallel zur Loipe verläuft.

Sutten Die schneesicherste und die anspruchsvollste Loipe am Tegernsee. Von Rottach-Egern fährt man bis Enterrottach und dann weiter in das Tal hinein. Ganz hinten in Sutten ist der Startpunkt direkt beim Parkplatz. Rund um den kleinen Suttensee vorbei an der Monialm (dort ist auch eine Servicestation eingerichtet) verläuft dieser bis zu 7,5 Kilometer lange Rundkurs, der einige schwierige Steigungen und Abfahrten enthält.

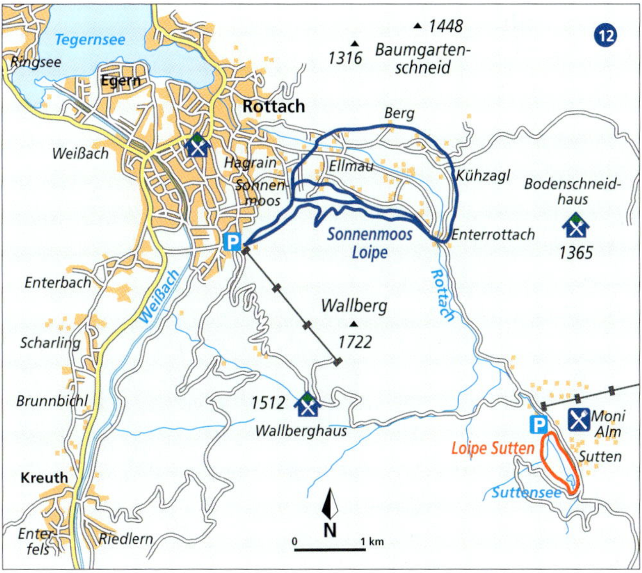

13 Kreuth

Ruhig und schneesicher im Weißachtal

km 40 km

leicht bis mittel

Lage: Kreuth liegt im Weißachtal südlich des Tegernsees. Die Loipen verlaufen entlang der Weißach in der Talebene.
Gesamtlänge: 40 km
Schwierigkeit: Leicht bis mittel
Kategorie: Klassisch und Skating
Anfahrt: *Auto:* Von der A 8 München – Salzburg bis zur Ausfahrt Holzkirchen. Dort fährt man auf der B 318 nach Süden in Richtung Tegernsee. Bei Gmund kann man entweder auf der westlichen oder östlichen Seeseite zum Südende des Tegernsees fahren. Von dort kommt man auf der B 307 nach Süden ins Weißachtal und direkt nach Kreuth. *ÖV:* Mit der Bahn bietet sich eine Verbindung zur Ortschaft Tegernsee an. Von Tegernsee nach Kreuth gibt es einen Linienbus des RVO.
Start: Die Loipen beginnen im Ortsbereich von Kreuth. Dort gibt es an der Hauptstraße auch Parkmöglichkeiten.
Skiverleih: Sportwelt Kreuth, Nördl. Hauptstr. 4, 83708 Kreuth, Tel.: 08029/402, Internet: www.sportwelt-kreuth.de Skischule Kreuth, Hirschberg Liftstüberl, 83708 Kreuth, Tel.:08029/593
Einkehr/Übernachtung: Zahlreiche Hotels und Gasthöfe in Kreuth
Information: Kurverwaltung Kreuth, Nördl. Hauptstr. 3, 83708 Kreuth, Tel.: 08029/18 19, Internet: www.kreuth.de

Eine bayerische Bilderbuchlandschaft. Im Norden der berühmte Tegernsee, rechts und links malerisches Gebirge. Dass es hier früher schon etlichen Berühmtheiten gut gefallen hat, ist kein Wunder. Die kleine Ortschaft Kreuth im Weißachtal hat Größe – zumindest flächenmäßig. Denn zwischen Tegernsee und der Grenze erstreckt sich die Gemeinde auf 123 Quadratkilometern.

Winteridylle beim Wildbad Kreuth

13

Vor allem das versteckte Wildbad Kreuth etwas weiter südlich im Tal abseits der Straße war für den guten Ruf verantwortlich. Hier soll man schon im Mittelalter gekurt haben. Und später, mit dem Neubau des Bads durch König Max I. von Bayern, kam die bessere Gesellschaft ins Weißachtal. Heute ist der repräsentative Bau Sitz der CSU-nahen Hanns-Seidel-Stiftung und bekannt vor allem für politische Veranstaltungen. Kreuth hat freilich noch mehr zu bieten. Im Winter gibt es am Hirschberg und Setzberg zwei Rodelbahnen und ganz in der Nähe auch einige Schlepplifte für Skifahrer. Und dann sind es zum Tegernsee nur wenige Kilometer. Für Langläufer bietet das Weißachtal nicht zuletzt wegen der ruhigen Lage und der Schneesicherheit beste Voraussetzungen.

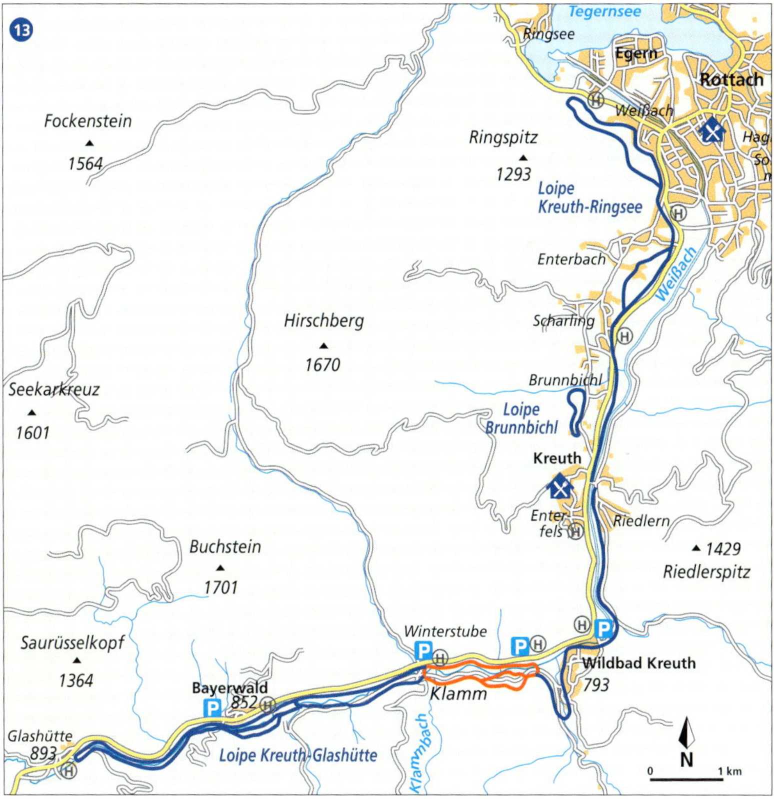

Im Wildbad trifft sich heute die Politprominenz.

Kreuth – Glashütte Die längste Loipe von Kreuth führt vom Startpunkt am Raineralmweg direkt nach Süden Richtung Grenze. Auf 23 Kilometern ist überwiegend klassisch gespurt. Zwischen Klamm und Bayerwald gibt es auch eine 4 Kilometer lange Skatingspur. Insgesamt eine leichte bis mittlere Tour mit dezenten Anstiegen, die im Prinzip immer entlang der Straße verläuft. Nur beim Wildbad Kreuth macht sie einen Abstecher hinauf zum berühmten Kurbad. Aber das ist ja auch eine reizvolle Abwechslung. Dann verläuft sie weiter nach Westen über Klamm und Bayerwald bis zur Glashütte. Wer nicht die gesamte Strecke auf sich nehmen will, kann unterwegs auf den Bus zurück nach Kreuth wechseln.

Kreuth – Ringsee Auf dieser leichten, 15 Kilometer langen Loipe geht es von Kreuth beim Rathaus nach Norden in Richtung Tegernsee. Gerade für Anfänger geeignet, da man im Prinzip immer talauswärts und damit leicht bergab läuft. Die überwiegend klassisch gespurte Loipe zieht sich auf der Ostseite des Tals entlang der Straße, bis sie kurz nach Scharling auf die andere Seite der Talstraße wechselt. Nun zieht sie sich über Pförn nach Norden und später nach Westen bis kurz vor den Ringsee. Dort geht es dann auf einer weiten Schleife zurück. Da man fast immer neben der Talstraße läuft, gibt es hier auch einige Möglichkeiten, unterwegs mit dem Bus abzukürzen.

Brunnbichl Eine 2 Kilometer lange, überwiegend flache Rundloipe, die beim Rathaus in Kreuth startet und nach Norden bis Brunnbichl führt. Sie ist klassisch und für Skater gespurt. Und vor allem wird sie abends von 17.30 bis 21.30 Uhr beleuchtet.

Schliersee

Einfach am Schliersee, sportlich am Spitzingsee

14

km 16 km

leicht bis schwer

Lage: Der Schliersee liegt zwischen Tegernsee und Wendelsteingebiet. Auf dem Weg vom Schliersee nach Bayrischzell fährt man rechts die Spitzingstraße hinauf zum Spitzingsattel und zum See auf über 1000 m Höhe.
Gesamtlänge: 16 km
Schwierigkeit: Leicht bis schwer
Kategorie: Klassisch und Skating
Anfahrt: *Auto:* Mit dem Auto kommt man von der A 8 München – Salzburg nach Schliersee über die Ausfahrt Weyarn und weiter über Miesbach und Hausham.
ÖV: Zwischen München und Schliersee fährt die Bayerische Oberlandbahn mit Haltestellen in Schliersee und Neuhaus. Zwischen Schliersee und dem Spitzingsee gibt es eine Busverbindung. Man kann also den kompletten Weg bis hinauf zum Spitzingsee mit öffentlichen Verkehrsmitteln schaffen.
Start: Die drei Loipen am Schliersee befinden sich am nördlichen und westlichen Ortsrand. Dort findet man auch Parkmöglichkeiten. Für die beiden Loipen am Spitzingsee fährt man mit dem Auto oder Bus hinauf zum Spitzingsee. Parkmöglichkeiten beim Kurven-Lift-Parkplatz oder bei der Kirche.
Skiverleih: Ingo's Skiverleih; Seeweg 1; 83727 Schliersee; Tel.: 08026/77 21, Internet: www.skiverleih-spitzingsee.de
Einkehr/Übernachtung: Zahlreiche Gasthöfe und Hotels in Schliersee, Neuhaus und am Spitzingsee
Information: Gäste-Information Schliersee, Bahnhofstr. 11a, 83727 Schliersee, Tel.: 08026/6 06 50, Internet: www.schliersee.de

Links der Hirschgröhrkopf, rechts Westerberg und der Brunstkogel – malerisch liegt der See zwischen den dicht bewaldeten Berggipfeln. Im Sommer ein beliebtes Wanderziel, eignet sich der Schliersee im Winter eher für Winterwanderungen, zum Eislaufen auf dem zugefrorenen See und insgesamt für sanfte Wintersportarten. Skifahrer und Snowboarder zieht es hinauf zum kleinen, sportlichen Skigebiet am Spitzingsee, das auf einer Höhenlage zwischen 1100 und 1700 Meter ziemlich schneesicher ist. Dass die Schlierseer mit dem Skifahrer Markus Wasmaier und dem Langläufer Peter Schlickenrieder zwei überaus erfolgreiche Wintersportler als Aushängeschilder haben, spricht doch dafür, dass die Wintersportmöglichkeiten so schlecht nicht sein können.

Tipp

Auf dem Schlierseer Gebiet beginnt auch die Talloipe zwischen Neuhaus und Geitau. Die 8 Kilometer lange, einfache Strecke hat ihren Startpunkt am Ortsende von Neuhaus direkt an der Bundesstraße. Dort gibt es auch Parkmöglichkeiten. Von Geitau aus hat man direkten Anschluss an die Loipe bis nach Bayrischzell. Und für den Rückweg bietet sich dann die Fahrt mit der Oberlandbahn nach Neuhaus an.

Das Spitzingseegebiet ist besonders schneesicher.

Dass man am Schliersee noch viel auf die bayerische Tradition hält, bestätigen auch die kulturellen Sehenswürdigkeiten. Besonders stolz sind die Schlierseer auf ihr Bauerntheater, das 1892 erbaut wurde und wo man auch heute noch Aufführungen der typisch bayerischen Art pflegt. Ähnliches trifft auf das Schlierseer Heimatmuseum zu, das in einem stilvollen alten Bauernhaus untergebracht ist, allerdings nur in sehr begrenztem Umfang geöffnet ist. Sehenswert ist auch die Pfarrkirche, ein Bau aus dem 14. Jahrhundert, der zu den schönsten Barockkirchen in der Region zählt und unter anderem Stuck- und Freskenarbeiten von Johann Baptist Zimmermann enthält. Und dann haben die Schlierseer noch den berühmten Wildschütz Jennerwein, der einst oben in den Bergen nicht weit von Schliersee in flagranti ertappt und von seinen Verfolgern erschossen wurde. Sein Grab samt Original-Grabkreuz von 1877 ist auf dem Friedhof Westenhofen zu finden.

Klassisch bayerisch wie das Freizeitangebot ist auch die Gastronomie. Zu den Schlierseer Spezialitäten gehört die Schnapsbrennerei Lantenhammer in der Urtlbachstraße. Ein Kuriosum ist die winzige Insel Wörth auf dem Schliersee mit einem romantischen Wirtshaus, das vor wenigen Jahren neu gebaut wurde und vor

14

allem für Familienfeiern und Hochzeiten gerne genützt wird. Was Veranstaltungen angeht, so ist der legendäre Skifasching auf der Firstalm am Spitzingsee zweifellos der Höhepunkt der Wintersaison. Aber das ist für Langläufer wohl weniger interessant, denn die lieben es doch eher ruhig und gemütlich.

Das Loipenangebot lässt sich in zwei Teile ordnen. Da sind einmal die einfachen Rundloipen im Ortsbereich von Schliersee, die eher für gemütliche Ausflüge geeignet sind. Wesentlich sportlicher und auch schneesicherer ist das Langlaufangebot am Spitzingsee. Dafür spricht allein schon die Lage der beiden insgesamt 7 Kilometer langen Rundloipen auf knapp 1100 Meter Höhe, was Langlaufspaß bis weit ins Frühjahr verspricht, auch wenn unten im Tal schon alles grün ist.

Sportplatz-Loipe Schliersee Mit rund 1,5 Kilometer ist diese Rundloipe ziemlich kurz. Eine einfache Strecke, die nahe dem Nordufer des Schliersees beim Sportplatz beginnt. Parkmöglichkeiten gibt es an der Straße zwischen Sportplatz und Seeufer. Die Loipe umrundet den Sportplatz, macht dann eine Kehre nach rechts, biegt wieder nach links ab und folgt dem Straßenverlauf bis kurz vor das Seeufer. Dort läuft man rechts weiter bis zum Wanderweg. Zurück zum Sportplatz führt die Loipe am Weg entlang.

Loipe Schliersee – Hausham Die 4,5 Kilometer lange Rundloipe zwischen Schliersee und Hausham kann mit der Sportplatz-Loipe kombiniert werden. Sinnvollerweise startet man wie bei der Sportplatz-Loipe. In diesem Fall führt die Loipe von der Nordseite des Sportplatzes über eine Wiese, kreuzt die Breitenbachstraße und geht in einem Bogen über das Feld und dann nach Norden bis zum Ortsteil Abwinkl am Rande von Hausham. Dort macht sie eine Kehre und führt auf praktisch demselben Weg zurück nach Schliersee bis zur Breitenbachstraße. Das letzte Stück zurück zum Sportplatz ist mit dem Hinweg identisch und endet direkt bei den Sportanlagen.

14

Hotel-Loipe Direkt neben der Bundesstraße gelegene Rundloipe, die 3 Kilometer lang und relativ einfach zu laufen ist. Start ist, wie der Name schon andeutet, beim Hotel Alpenclub am Kirchbichlweg. Dort findet man auch Parkmöglichkeiten. Gegenüber der Hotelanlage auf der anderen Straßenseite beginnt die Loipe, die in einem weiten Bogen über das offene Gelände in Richtung Hausham führt. Direkt neben der Straße verläuft die Loipe bis kurz vor Alt-Hausham, macht dort einen Bogen und kehrt dann in Richtung Schliersee und zum Hotel Alpenclub zurück. Je nach Schneelage wird auch eine Verbindung zur Loipe Schliersee – Hausham gespurt. Auf halber Strecke zwischen Schliersee und Hausham kreuzt diese Verbindung die Bundesstraße und reicht bis zum Ortsteil Abwinkl bei Hausham. Man kann also alle drei Schlierseer Loipen miteinander kombinieren. Allerdings sollte man sich vorher informieren, ob die Loipen präpariert sind, denn die exponierte Tallage verheißt nicht immer Schneesicherheit.

Loipe Heimatsau am Spitzingsee Direkt am Ufer des Spitzingsees verläuft diese 2 Kilometer lange Rundloipe. Parken kann man beim Parkplatz am Kurven-Lift etwas abseits vom Seeufer. Zwischen Kurven-Lift und Seeufer läuft man dann auf der abwechslungsreichen Loipe mit etlichen Kurven. Eine kurze, aber sehr schneesichere Loipe.

Valepp-Loipe Unbestritten die Vorzeigeloipe im Schlierseegebiet. Und zwar nicht nur, weil dort der Olympia-Silbermedaillengewinner und vielfache deutsche Meister Peter Schlickenrieder trainiert. Die Valepp-Loipe ist eine sehr sportliche, abwechslungsreiche Rundtour mit markanten Höhenunterschieden, also mit anstrengenden Anstiegen und rasanten Abfahrten. Man erreicht sie, indem man am Spitzingsee bei der Kirche parkt und dann zu Fuß einige Minuten bis zur Albert-Link-Hütte und zum Langlaufzentrum läuft. Hier geht es in die Loipe, die sich in Kurven auf überwiegend freiem Gelände verteilt.

Fischbachau

Sanfter Wintersport im Leitzachtal

15

km 35 km

leicht bis mittel

Lage: Fischbachau liegt im Leitzachtal zwischen Schliersee und Wendelstein. Die Loipen folgen weitgehend dem Verlauf des Leitzachtals zwischen Fischbachau und Wörnsmühl.
Gesamtlänge: 35 km
Schwierigkeit: Leicht bis mittel
Kategorie: Klassisch und Skating
Anfahrt: *Auto:* Auf der A 8 München – Salzburg geht es zunächst bis zur Ausfahrt Irschenberg. Von dort fährt man ein Stück nach Süden in Richtung Miesbach, biegt dann links ab und gelangt über Wörnsmühl ins Leitzachtal und weiter direkt nach Fischbachau.
ÖV: Mit der Oberlandbahn kommt man von München direkt zur Bahnstation Fischbachau im Ortsteil Hammer, der vom Zentrum Fischbachaus etwa 2,5 km entfernt ist.
Start: Da sich die Loipen auf das breite Leitzachtal verteilen, empfehlen sich verschiedene Startmöglichkeiten, wie zum Beispiel beim Warmfreibad in Fischbachau oder in Hundham bei der Leonhardikirche. Dort gibt es jeweils auch Parkmöglichkeiten.
Skiverleih: Taubenberger, Hauptstr. 27, 83728 Fischbachau, Tel.: 08028/831
Einkehr/Übernachtung: Einige Hotels und zahlreiche Gasthöfe in Fischbachau, Elbach und Hundham
Information: Tourismusbüro Fischbachau, Postfach 5, 83728 Fischbachau, Tel.: 08028/876, Internet: www.fischbachau.de

Zwischen Schliersee und Wendelstein liegt das Leitzachtal, ein überwiegend breites, offenes Tal mit eher sanften Bergzügen und traditionellen Dörfern. Hauptort ist Fischbachau, dessen Wahrzeichen das von weitem erkennbare Münster St. Martin ist, ein stattliches Gotteshaus im romanischen Stil. Man kann schon fast sagen, dass hier im Leitzachtal die Kirche noch im Dorf geblieben ist. Kein großer Rummel, sondern eher die sanfte und stille Art des Wintertourismus. Das verdankt man vor allem dem Umstand, dass es hier außer einem Schlepplift in Elbach kein Skigebiet gibt und die Massen eher in Richtung Spitzingsee und Sudelfeld drängen. Dafür hat man im Leitzachtal den Wallfahrtsort Birkenstein sowie die sanften Wintersportarten wie Winterwandern, Rodelpartien oder Fahrten mit dem Pferdeschlitten. Das Leitzachtal ist aufgrund seiner Lage geradezu prädestiniert für das Langlaufen. Und mit 35 Kilometer Loipe auch gut ausgestattet.

Fischbachau – Heißnbrücke Eine leichte, rund 7 Kilometer lange Rundloipe, die in Fischbachau startet und über ein freies Feld nach Norden bis Mühlkreit verläuft. Dort folgt die Loipe dann dem Lauf der Leitzach auf der rechten Uferseite weiter nach Norden bis zur

15

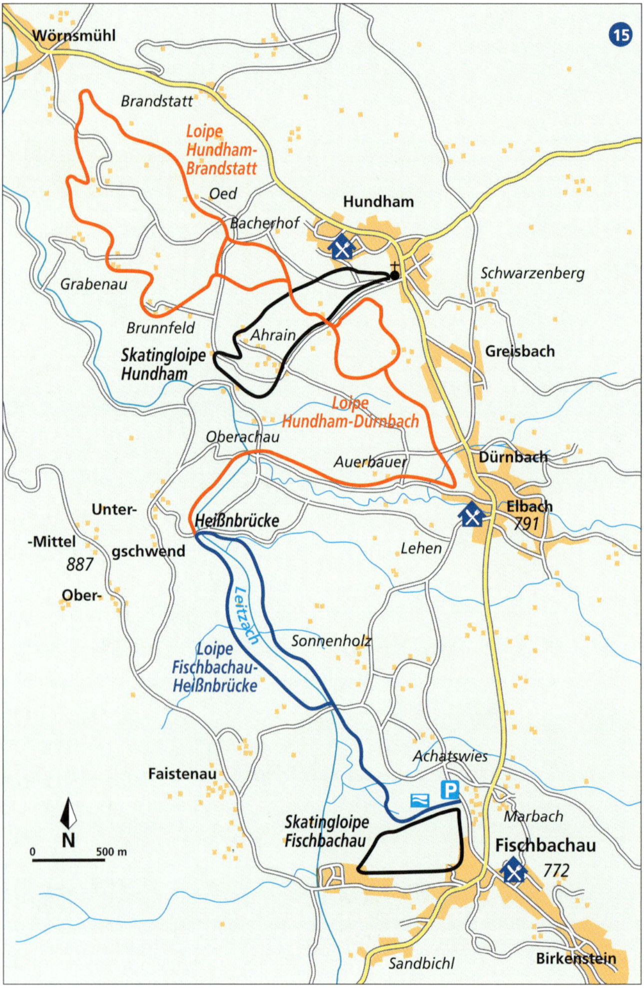

Heißnbrücke, die etwa auf der Höhe von Elbach liegt. Dort bietet sich ein Anschluss nach Hundham und weiter bis Wörnsmühl an. Bei der Brücke überquert man die Leitzach und läuft auf der anderen Uferseite zurück nach Süden. Bei der Brücke bei Mühlkreit geht es dann wieder auf die Ostseite der Leitzach und auf demselben Weg zurück nach Fischbachau.

Rund um Fischbachau dominiert der sanfte Wintersport.

Hundham – Dürnbach Etwas anspruchsvoller ist diese 10 Kilometer lange Rundloipe mit einem Höhenunterschied von etwa 60 Meter. Von Hundham aus läuft man zunächst nach Westen quer durch das Tal, wobei die Loipe leicht ansteigt und dann an der Kiesgrube vorbeikommt. Nach einer kurzen Abfahrt erreicht man schließlich Dürnbach, quert eine Straße und muss nun eine etwas schwierigere Abfahrt meistern. Südlich von Elbach dreht die Loipe nach Westen bis zur Heißnbrücke bei Oberachau. Zurück geht es dann auf demselben Weg bis zur Gabelung bei Greisbach, wo man geradeaus direkt nach Hundham zurücklaufen kann.

Hundham – Brandstatt Von Hundham nach Norden verläuft diese 10 Kilometer lange und mittelschwere Loipe. Von Hundham geht es ein Stück nach Westen durch das Tal, dann hält man sich rechts und läuft nach einer Querstraße links bis Brunnfeld. Etwas bergauf und bergab führt die Loipe dann nach Norden bis Grabenau und weiter bis zum Wendepunkt bei Brandstatt. Kurz danach überquert man eine weitere Straße, läuft in Richtung Südosten bis Oed und kommt nach einer kurzen, schwierigen Abfahrt zum Bacherhof und auf einem leichten Anstieg weiter bis Hundham.

Skatingloipe Hundham Ein 4 Kilometer langer Rundkurs, der bei der Kirche in Hundham startet.

Skatingloipe Fischbachau Etwa 2 Kilometer lange Skatingloipe im Ortsbereich von Fischbachau. Start ist beim Warmfreibad.

16 Bad Feilnbach

Gemütliches Laufen vor dem Wendelstein

km 13,5 km

leicht bis mittel

Lage: Am Nordrand des Wendelsteingebiets unweit der Autobahn München – Salzburg. Der Großteil der Loipen verteilt sich auf dem flachen Gelände nördlich und östlich von Bad Feilnbach.
Gesamtlänge: 13,5 km
Schwierigkeit: Leicht bis mittel
Kategorie: Klassisch und Skating
Anfahrt: *Auto:* Man erreicht Bad Feilnbach auf der A 8 München – Salzburg bis zur Ausfahrt Bad Aibling/Bad Feilnbach. Von dort fährt man wenige Minuten nach Süden und kommt direkt nach Bad Feilnbach.
ÖV: Ziemlich umständlich ist die Anfahrt mit öffentlichen Verkehrsmitteln. Vom Bahnhof Bad Aibling verkehrt eine Buslinie nach Bad Feilnbach.
Start: Da die Loipen überwiegend nicht miteinander verbunden sind, muss man sich jeweils einen Startplatz suchen. Leider sind diese nicht gut oder teils gar nicht ausgeschildert.
Skiverleih: Keiner
Einkehr/Übernachtung: Zahlreiche Gasthöfe und Hotels in Bad Feilnbach
Information: Kur- und Touristeninfo, Bahnhofstr. 5, 83075 Bad Feilnbach, Tel.: 08066/14 44, Internet: www.feilnbach.de

Der kleine Kurort liegt sehr ansprechend vor dem markanten Wendelsteingipfel, direkt dort, wo die Berge beginnen. Der Wintersport spielt im eher gemütlichen Bad Feilnbach eigentlich nur eine Nebenrolle. Allerdings ist die exponierte Lage auch nicht dazu angetan, den Schnee lange zu halten. Aber bei entsprechenden Verhältnissen ist das Gelände gut für beschauliche Langlauftouren.
Eher unpraktisch ist, dass fast alle Loipen allein liegen und nicht miteinander kombinierbar sind, zumindest nicht ohne eine Fahrt mit dem Auto. Zu Fuß ist der Weg auch nicht empfehlenswert. Da kann man gleich eine Winterwanderung unternehmen.
Es ist übrigens ratsam, sich vor dem Start zu informieren, ob die Loipen in Betrieb sind. Denn wegen der exponierten Lage der Loipen um Bad Feilnbach braucht es schon gute Schneeverhältnisse, damit man dort auch laufen kann. Keine Probleme gibt es mit der Einkehr nach dem Langlaufen. Unter den zahlreichen Gasthöfen besonders empfehlenswert ist der Aumanwirt in Altofing, ein klassisch bayerisches Gasthaus mit bodenständiger, typischer Küche.
Loipe 1 Eine leichte Rundstrecke von gut 4 Kilometer östlich von Bad Feilnbach bei Wiechs auf dem flachen und offenen Gelände, die man mit der Loipe 2 verbinden kann. Man fährt von Bad Feilnbach mit dem Auto bis kurz vor Derndorf, dort links eine schmale Straße nach Norden.

16

Loipe 2 Die Loipe liegt direkt an der Aiblinger Straße in Richtung Derndorf. Ebenfalls eine leichte, etwa 4 Kilometer lange Rundstrecke mit Anschluss zur Loipe 1. Starten kann man entweder bei der Kreuzung mit der Nebenstraße nach Kutterling oder in Wiechs bei der Kirche.

Loipe 3 Ein kleiner, 1,5 Kilometer langer Rundkurs mitten im Ort ist gut versteckt. Man fährt am besten vom Zentrum auf der Kufsteiner Straße in die Hans-Zeiler-Straße bergauf bis zur rechts abzweigenden Hochriesstraße. Dort auf dem freien Feld beginnt die kleine Loipe, die im oberen Bereich einige Höhenmeter überwindet.

Loipe 4 Eine leichte Runde von rund 4 Kilometer Länge direkt beim Reithofgelände nördlich von Bad Feilnbach. Auf dem flachen Filzengelände kann man sich kaum verlaufen. Etwas schwieriger ist es mit dem Parken. Direkt an der Hauptstraße ist es nicht empfehlenswert. Einen Parkplatz gibt es nördlich von der Loipe bei der Kläranlage. Von dort geht man ein paar Meter zu Fuß.

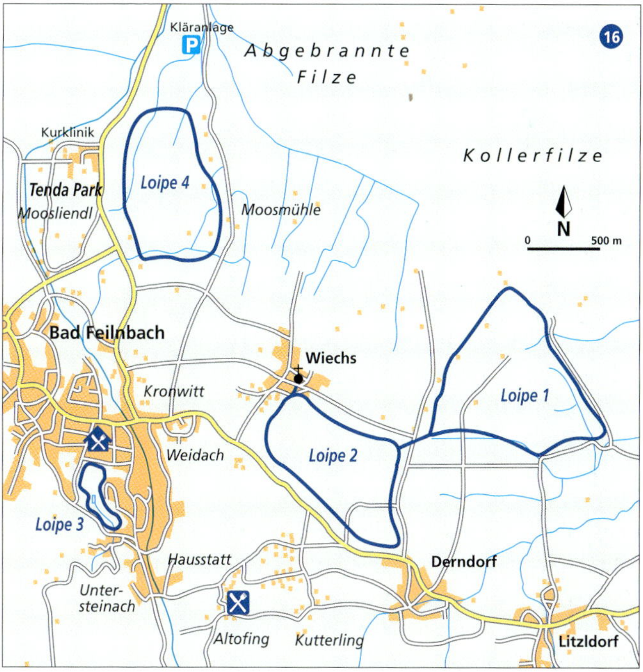

17 Bayrischzell

Weitläufiges Angebot zwischen Wendelstein und Sudelfeld

km 50 km

leicht bis mittel

Lage: Bayrischzell befindet sich auf der Südseite des Wendelsteins nahe der Tiroler Grenze. Die Loipen verteilen sich auf das Tal und verlaufen überwiegend in Richtung Schliersee oder nach Süden bis zur Grenze.
Gesamtlänge: 50 km
Schwierigkeit: Leicht bis mittel
Kategorie: Klassisch und Skating
Anfahrt: *Auto:* Von der A 8 München – Salzburg über die Ausfahrt Weyarn und weiter über Miesbach und Schliersee bis Bayrischzell.
ÖV: Es gibt von München aus eine Bahnverbindung mit der Bayerischen Oberlandbahn direkt nach Bayrischzell.
Start: Die meisten Loipen starten im ortsnahen Bereich. Idealer Ausgangspunkt ist der Parkplatz an der Kreuzung der Alpenstraße mit der Tiroler Straße südlich des Dorfes. Für die Loipe in Richtung Tirol kann man auch weiter südlich beim Parkplatz Stocker oder bei der Bäckeralm an der Grenze Station machen.
Skiverleih: Sport Huber, 83735 Bayrischzell, Tel.: 08023/705
Skischule Bayrischzell, Am Kirchplatz, 83735 Bayrischzell, Tel.: 08023/791
Einkehr/Übernachtung: Zahlreiche Gasthöfe und Hotels in Bayrischzell
Information: Kur- und Tourist-Info Bayrischzell, Kirchplatz 2, 83735 Bayrischzell, Tel.: 08023/648,
Internet: www.bayrischzell.de

Der mächtige Wendelstein im Norden, daneben das Skigebiet auf dem Sudelfeld. Bayrischzell gehört nicht ohne Grund zu den populärsten Wintersportorten in den oberbayerischen Bergen. Ein gemütliches Bergdorf, sicherlich ein wenig altmodisch, aber dennoch oder gerade deshalb reizvoll für Berg- und Naturliebhaber. Und der Wendelstein ist ja nicht nur ein Skiberg mit sehr abwechslungsreichen Abfahrten von leicht (auf der Südseite) bis ziemlich schwierig (auf der Ostseite nach Brannenburg), sondern auch wegen des herrlichen Ausblicks von der Bergstation ein populäres Ausflugsziel für Fußgänger, die mit der Seilbahn von Osterhofen aus in wenigen Minuten hinaufkommen. Ein besonderer Vorteil für Wintersportler ist, dass man vom Ort aus ohne zusätzliche Autofahrten sowohl ins Skigebiet auf dem Sudelfeld als auch zur Loipe gelangt.
Die Höhenlage auf 800 Meter sorgt üblicherweise für beste Schneeverhältnisse, was natürlich besonders den Langläufern zugute kommt. Trotz der einsamen Gebirgslage gibt es ein weitläufiges Loipenangebot auf der relativ breiten und ebenen Talfläche. Im Prinzip verlaufen die Loipen jeweils entlang der beiden Täler nach Westen bis zum Schliersee oder nach Süden bis zur Grenze nach Tirol. Letztere kann man bequem kombinieren oder abkürzen, indem man den Skibus von Bayrischzell bis zur Bäckeralm benutzt,

17

der unterwegs auch beim Sillberghaus und am Zipflwirt Station macht. An den Parkplätzen befinden sich auch die Ticketautomaten, wo man die freiwillige Loipengebühr zahlen kann. Ein kleiner Kostenbeitrag zur Pflege des Langlaufangebots.

Bayrischzell – Neuhaus Längs des breiten, flachen Tals zwischen dem Schliersee und Bayrischzell kann man eine gemütliche, relativ lange Tour unternehmen. Die Rundtour misst 22 Kilometer und ist weitgehend einfach zu laufen. Start ist bei der Kreuzung bei Bayrischzell. Dann geht es über Wiesen und durch kurze Waldpartien am Aubach entlang bis Osterhofen. Dort gibt es auch eine Anbindung zum Dorf. Die Talloipe macht dann einen Linksbogen und kommt über ein freies Feld direkt zum Weiler Geitau, kreuzt die dortige Loipe und führt beim Parkplatz am Skilift vorbei, am Wald entlang weiter in Richtung Schliersee. Auf etwa 300 Meter Länge ist dann die Loipe nicht mehr gespurt, was daran liegt, dass der Heisenbauer auf seinem Grundstück die maschinelle Präparierung nicht duldet. Doch dieser Abschnitt ist schnell überwunden. Bis nach Neuhaus kommt man ohne Anstrengungen auf flachem Gelände und kann rechter Hand den Ausblick auf den Wendelstein genießen. Wem der Rückweg dann womöglich zu anstrengend ist, der kann ihn auch mit der Oberlandbahn antreten (Bahnstation Fischhausen-Neuhaus).

Geitau Ein kurzer, gemütlicher Rundkurs, der gut 3 Kilometer lang ist und von Geitau aus zunächst über ein freies Feld, dann entlang des Wanderweges nach Süden und beim Waldrand links weiter

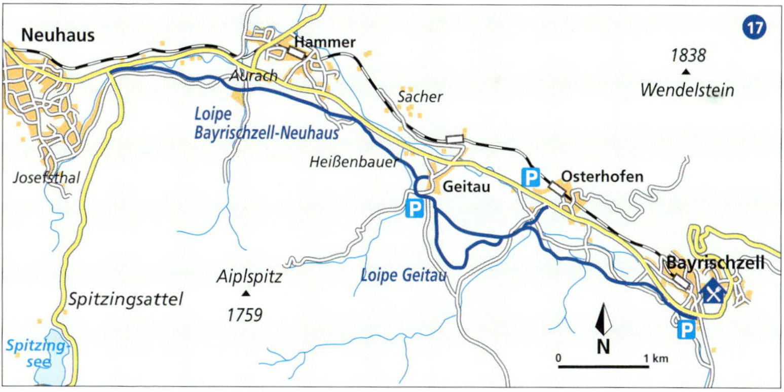

17

verläuft. Kurz danach kommt man zur Kreuzung mit der Loipe von Bayrischzell nach Neuhaus, hält sich auf derselben links und läuft bis zum Skilift und schließlich in einem Rechtsbogen zurück nach Geitau. Eine kurze Runde für zwischendurch oder als Übung für weniger versierte Langläufer.

Bayrischzell – Zipflwirt Eine beliebte Strecke, die vom Parkplatz bei der Kreuzung an der Alpenstraße in Richtung Tirol führt und leicht zu laufen ist. Man startet auf der Ostseite der Tiroler Straße beim Parkplatz, läuft zunächst nach Osten und dann am Waldrand weiter nach Süden. Bald nach der Melkstatt kommt ein kurzer Anstieg. Die Loipe führt dann immer entlang der Straße, über Wiesen und durch schattige Waldpassagen ohne nennenswerte Höhenunterschiede bis zum Parkplatz Stocker. Kurz danach kommt man zum Zipflwirt auf der gegenüberliegenden Straßenseite.

Kloaschautal Die Loipe mit dem etwas eigenwilligen Namen beginnt beim Parkplatz Stocker bzw. beim Zipflwirt, kann also mit der Tour von Bayrischzell zum Zipflwirt gut kombiniert werden. Diese leichte bis mittlere Rundloipe ist 7 Kilometer lang und führt zunächst vom Parkplatz Stocker nach Süden über ein freies Feld. Dann wechselt man hinüber zum Zipflwirt und läuft nach Westen hinein ins Kloaschautal. Auf dem breiten Bachbett steigt die Loipe taleinwärts leicht bergauf bis kurz vor die Winterstuben, eine nicht bewirtschaftete Forsthütte. Dort macht sie eine Linkskehre, dann geht es am Waldrand entlang wieder talauswärts bis zum Zipflwirt.

Stocker – Bäckeralm Dies ist praktisch die Verlängerung der Loipe von Bayrischzell zum Parkplatz Stocker. Sie ist genauso leicht bis mittelschwer und hält sich auf ihren 3 Kilometern bis zur Bäckeralm weitgehend entlang der Straße. Man startet beim Parkplatz Stocker an der Tiroler Straße und läuft über flaches Feld nach Süden. Zwischendurch teilt sich die Loipe in zwei Varianten für klassische Läufer und Skater. Letztere haben einen längeren Anstieg ins Nesseltal zu bewältigen, bis sich die Loipen vereinen und auf flachem Terrain neben der Straße bis zur Bäckeralm direkt an der Tiroler Grenze

Typischer, alter Bauernhof in Geitau

Tipp

Die Loipen zum Zipflwirt und zur Bäckeralm eignen sich für einen schönen Langlaufausflug, indem man sie einfach kombiniert. Man läuft von Bayrischzell über den Parkplatz Stocker zur Bäckeralm, dann zurück zum Zipflwirt, macht einen Abstecher ins Klooaschertal. Zurück geht es dann wieder auf der ersten Loipe zwischen Bayrischzell und Parkplatz Stocker. Beim Zipflwirt und der Bäckeralm gibt es entsprechende Einkehrmöglichkeiten.

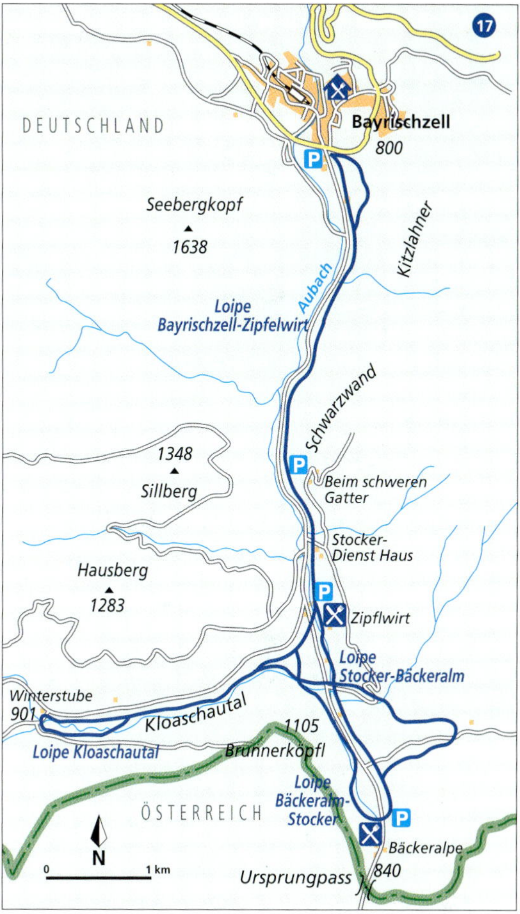

dahinziehen. Für den Rückweg bietet sich dieselbe Loipe an. Man kann aber auch auf der westlichen Straßenseite über die Langwiese zurücklaufen.

Bäckeralm – Stocker

Diese leichte, und nur etwa 6 Kilometer lange Rundloipe kann man als Rückwegvariante für die Loipe auf der anderen Straßenseite nutzen oder aber einfach als gemütliche Rundtour. Vom Parkplatz bei der Bäckeralm geht es zunächst leicht bergauf in Richtung Wald, dann weiter nach Norden mit einer kurzen, leichten Abfahrt, bis man schließlich zur Langwiese kommt. Etwas später erreicht man die Kreuzung mit der Loipe ins Kloaschauertal und hält sich rechts, bis man nach wenigen Metern den Zipflwirt erreicht hat. Hier wechselt man nun auf die andere Straßenseite, läuft das kurze Stück über das freie Feld bis zum Parkplatz Stocker, der sich hinter einigen Bäumen verbirgt.

18 Thierseetal

Ausflugsziel in idyllischer Höhenlage

km 30 km

leicht bis mittel

Lage: Das Thierseetal erstreckt sich zwischen Kufstein und Landl an der Grenze von Tirol zu Bayern. Die Loipen sind meist im Umfeld der Talstraße.
Gesamtlänge: 30 km
Schwierigkeit: Leicht bis mittel
Kategorie: Klassisch und Skating
Anfahrt: *Auto:* Am schnellsten über die A 8 München – Salzburg bis zum Inntaldreieck und weiter auf der Inntalautobahn A 93 bis Ausfahrt Kufstein Nord. Von dort auf der Thierseestraße etwa 9 km hinauf nach Thiersee.
Start: Verschiedene Startplätze entlang der Loipen
Skiverleih: Sporthaus Thaler, Hinterthiersee 39, A-6335 Thiersee, Tel.: 0043/5376/6 55 94
Einkehr/Übernachtung: Zahlreiche Gasthöfe und Hotels in Thiersee, Hinterthiersee und Landl
Information: TVB Thierseetal, A-6335 Thiersee 38, Tel.: 0043/5376/52 30, Internet: www.thierseetal.com

Ein paar Minuten sind es nur vom belebten Inntal hinauf zum idyllischen Thiersee, dem malerischen Bergsee und Namensgeber für das Tal mit seinen drei Dörfern Thiersee, Hinterthiersee und Landl. Überregional bekannt ist das Thierseetal wegen der Passionsspiele, die seit gut 200 Jahren stattfinden. Das Gebiet ist auch für die angrenzenden Bayern, zu denen es bis 1504 und nochmals im 19. Jahrhundert gehörte, ein beliebtes Ausflugsziel.

Eine leichte Loipe führt rund um den Thiersee.

Dank der Höhenlage zwischen knapp 700 und 862 Meter sind die drei Dörfer ziemlich schneesicher. Deshalb ist es auch kein Wunder, dass am Thiersee eine lange Wintersporttradition existiert. Früher gab es renommierte Skirennen am Pendling und bis in die neunziger Jahre den »Thierseer Steinbock«, einen Parallelslalom. Heute ist der Thiersee ein gemütliches Ziel für Familien und Naturliebhaber. Kurze Skilifte befinden sich in Thiersee am Schneeberg und in Hinterthiersee am Schattberg. Beliebt sind die Rodelpartien am Pendling von der Kalaalm hinunter. Und das offene Gelände rund um den See eignet sich gut für Winterwanderungen.

Auch als Langlaufdestination macht der Thiersee eine gute Figur. Die Loipen verteilen sich auf die drei Dörfer bzw. einige Seitentä-

18

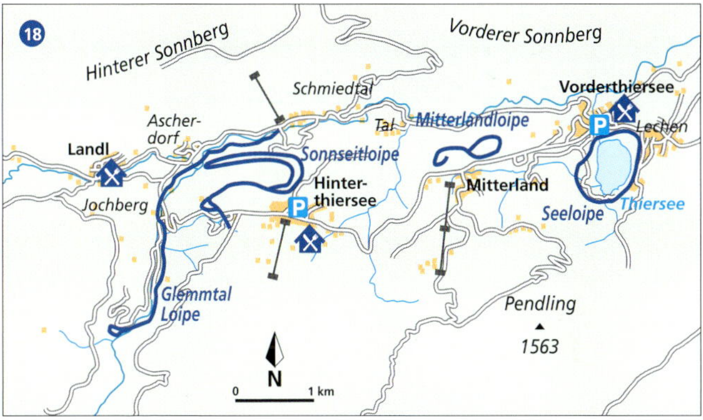

ler, sind überwiegend nicht miteinander kombinierbar und relativ kurz. Nur in Hinterthiersee kann man die drei Loipen rund um das Dorf verbinden. Einsam und idyllisch und dazu besonders schneesicher ist die kurze Loipe am Riedenberg südlich von Landl. Bei guten Schneeverhältnissen hat man dafür von Landl aus eine Verbindung zu den Bayrischzeller Loipen über die Bäckeralm.

Seeloipe Der 5 Kilometer lange Rundkurs um den See ist nicht nur die erste Loipe, wenn man von Kufstein herauf zum Thiersee kommt, sondern auch die bekannteste. Ein leichter, gut überschaubarer Rundkurs auf dem freien Gelände direkt am Seeufer. Start und Parkmöglichkeit beim Strandbad Thiersee.

Mitterlandloipe Ein kurzes Stück nach dem See in Richtung Hinterthiersee auf der rechten Seite erstreckt sich dieser einfache, 2,5 Kilometer lange Rundkurs auf dem freien Gelände neben der Straße. Ausgangspunkt ist beim Hotel Hagerhof.

Sonnseitloipe Direkt am Ortsrand von Hinterthiersee befindet sich dieser 5 Kilometer lange Rundkurs, der sich in einer weiten Schleife über das offene Gelände und teils am Waldrand entlang zieht. Man kann im Ortszentrum bei der Kirche parken und unterhalb der Kirche in die Loipe einsteigen.

Glemmtal Eine 3 Kilometer lange, relativ leichte Loipe, die bei Landl in das ruhige Seitental leitet. Man startet beim Skilift an der Straße. Anfangs verläuft die Loipe entlang der Straße, dann geht es über Wiesen und durch Waldpartien bis zum Wendepunkt und auf derselben Loipe zurück bis Landl.

19 Oberaudorf

Abwechslungsreich, sportlich, gut erreichbar

km 18 km

leicht bis schwer

Lage: Auf der Westseite des Inntals. Der überwiegende Teil der Loipen befindet sich im Tal in Ortsnähe. Lediglich die Hocheck-Loipe und die Mühlau-Loipe befinden sich in Höhenlagen zwischen 600 und 800 m.
Gesamtlänge: 18 km
Schwierigkeit: Leicht bis mittelschwer. Teile der Hocheck-Loipe und Mühlau-Loipe sind schwer.
Kategorie: Die Hocheck-Loipe ist nur klassisch gespurt. Alle anderen Loipen werden für klassischen Stil und Skating präpariert.
Anfahrt: *Auto:* Auf der A 8 von München nach Salzburg über das Inntaldreieck und die Inntalautobahn A 93 bis zur Ausfahrt Oberaudorf. Dort fährt man etwa 1,5 km nach Westen bis ins Zentrum von Oberaudorf.
ÖV: Mit der Bahn gibt es gute Verbindungen über Rosenheim. Regionalzüge zwischen Rosenheim und Kufstein verkehren regelmäßig und halten in Oberaudorf. Vom Bahnhof Oberaudorf geht man zu Fuß nur wenige Minuten bis zu den Loipen im Ortsbereich.
Start: Bei den meisten Loipen im Ortsbereich kann man in Zentrumsnähe starten oder die Verbindung zwischen den einzelnen Loipen nutzen. Das heißt, dass man bei ausreichender Schneelage direkten Anschluss zu den anderen Loipen hat und keine zusätzlichen Fußmärsche oder Autofahrten erforderlich sind. Lediglich für die Mühlau-Loipe muss man ein längeres Stück mit dem Auto fahren oder bei der Hocheck-Loipe den Sessellift im Skigebiet nutzen.
Skiverleih: Sport Knott-Stadler, Marienplatz 5, 83080 Oberaudorf, Tel.: 08033/14 76
Einkehr/Übernachtung: In Oberaudorf und Niederaudorf gibt es ein umfangreiches Angebot an Hotels und Gasthöfen.
Information: Kuramt Oberaudorf, Kufsteiner Str. 6, 83080 Oberaudorf, Tel.: 08033/3 01 20, Internet: www.oberaudorf.de

Der traditionsreiche Wintersportort im Inntal hat sein Angebot in den letzten Jahren kräftig modernisiert, und auch das Loipenangebot kann sich sehen lassen. Zudem ist Oberaudorf sowohl mit dem Auto als auch mit der Bahn sehr leicht zu erreichen. Gute Voraussetzungen also für einen Langlaufausflug. Und zwar nicht nur dann, wenn man die Loipe mit anderen Wintersportaktivitäten verbinden will. Neben dem kleinen Skigebiet am Hocheck gibt es noch etliche Winterwanderwege im Ortsbereich, am Hocheck und im Bereich der Tatzelwurmstraße in Richtung Sudelfeld. Im Freizeitgebiet Hocheck befindet sich außerdem eine Rodelbahn.

Doch nun zum Langlaufen. Recht umfangreich ist das Angebot im Ortsbereich. Allerdings braucht es dazu eine gute Schneelage, denn Oberaudorf liegt auf 483 Meter Höhe und damit nicht gerade hochalpin. Das Terrain ist überwiegend flach, die Loipen sind größtenteils einfach und sehr exponiert. Ziemlich schneesicher sind da-

19

für die beiden Loipen auf dem Hocheck und in der Mühlau, die sich südlich von Oberaudorf in einem höher gelegenen Kessel befindet. Sie genügen auch etwas sportlicheren Ambitionen.

Audorfer Rundloipe Direkt im Zentrum beginnt der leichte Rundkurs mit insgesamt 3,3 Kilometer Länge. Parkmöglichkeiten und Einstieg findet man beim Feuerwehrhaus an der Bad-Trißl-Straße. Die Loipe macht eine Schleife vorbei am Hallenbad und führt dann entlang der Bundesstraße nach Norden. Dort hat man Anschlussmöglichkeiten zur Thal-Loipe und zur Niederaudorfer Loipe.

Niederaudorfer Loipe Abwechslungsreicher Rundkurs mit 3,7 Kilometer Länge, der im Ortsteil Niederaudorf an der Bundesstraße

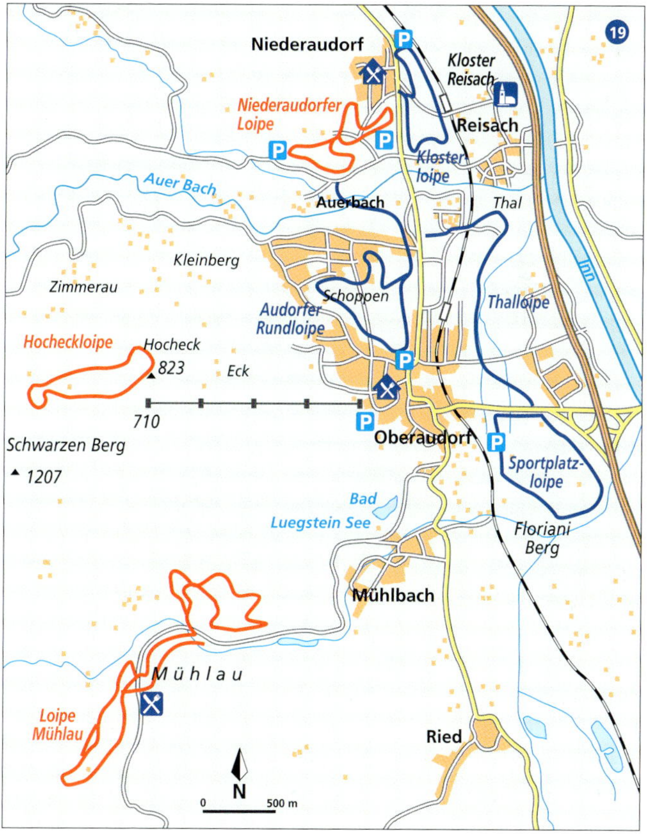

Das Kloster Reisach ist Ziel einer gemütlichen Loipe.

startet. Parkmöglichkeiten gibt es beim Gasthaus Alpenhof. Die Loipe leitet nach Westen zum Gasthaus Agg, und dort sind auch Anstiege zu absolvieren. Man kann die Loipe kombinieren mit der Kloster-Loipe, die auf der östlichen Seite der Bundesstraße startet.

Klosterloipe Das stattliche Kloster Reisach ist der Namensgeber für diese kurze und recht einfache Rundstrecke. Startmöglichkeiten und Parkplätze sind beim Gasthaus Alpenhof und etwas weiter nördlich bei der Schule. Beide Stellen befinden sich direkt an der Bundesstraße. Die Loipe ist nur 1,8 Kilometer lang und führt am Bahngleis und am Kloster entlang. Ein nicht ganz uninteressanter Nebenaspekt: Direkt beim Kloster Reisach am Bahnübergang kann man zu Fuß das kurze Stück auf der Urfahrnstraße bis zum beliebten Gasthaus Waller, einem traditionsreichen und klassisch bayerischen Wirtshaus, gehen.

Thalloipe Auf halbem Weg zwischen Oberaudorf und Niederaudorf beginnt die 2,4 Kilometer lange Loipe direkt an der Bundesstraße. Im Prinzip verbindet sie die Strecken um Ober- und Niederaudorf mit der südlichen Sportplatz-Loipe. Über freies Feld läuft man nach Osten mit herrlichem Blick auf den Zahmen und Wilden Kaiser. Nach Überquerung der Bahnlinie Rosenheim-Kufstein geht es leicht bergab und dann weiter nach Süden bis zur Tiroler Straße, der Zubringerstraße zur Autobahn. Dort endet die Loipe.

19

Sportplatzloipe Eine 1,5 Kilometer kurze, einfache Loipe zu Füßen des Florianibergs rund um Sportplatz und Tennishalle. Parkmöglichkeiten und Einstieg findet man direkt beim Sportplatz nur wenige Meter von der Tiroler Straße entfernt. Sie bietet sich als Ausgangspunkt an, wenn man von der Inntalautobahn kommt. Man spart sich so die Fahrt ins Zentrum und die Parkplatzsuche.

Hocheckloipe Sportlich und schneesicher ist die Höhenloipe im Bereich der Bergstation des Skigebiets Hocheck auf gut 800 Meter Höhe. Das sind die Vorteile. Nachteil: Man muss den Sessellift am Hocheck benützen. Außerdem wird die Hocheck-Loipe nur klassisch gespurt. Die Loipe startet direkt beim Berggasthof Hocheck und ist ein kurzer Rundkurs von 1,2 Kilometer, der etliche Bergauf- und Bergabpassagen enthält. Die Talstation der Hocheckbahn liegt zentrumsnah nur wenige Meter westlich der Kirche. Die Zufahrt ist zwar kurvenreich, aber gut beschildert. Dort gibt es auch zahlreiche Parkmöglichkeiten.

Mühlau Zweifellos die Vorzeigeloipe in Oberaudorf, auch wenn sich die Mühlau offiziell bereits auf dem Gemeindegebiet des Nachbarorts Kiefersfelden befindet. Allerdings ist der idyllische Talkessel ziemlich gut versteckt. Man fährt vom Zentrum auf der Kufsteiner Straße nach Süden durch das enge Burgtor und kurz danach rechts ab in Richtung Mühlau (beschildert). Die Straße steigt vorbei am Luegsteiner See bis zu einem kleinen Stausee hinauf und dann eben weiter bis zum Talkessel. Einen Parkplatz findet man nach dem Café Dörfl nach einem kurzen Bergaufstück. Insgesamt ist der Rundkurs etwa 5 Kilometer lang. Das Gelände ist sehr übersichtlich. Im Prinzip gibt es zwei Schleifen: Ein südlicher Abschnitt, der relativ einfach ist, und die nördliche Schleife, die die Straße quert und in einem Waldstück verschwindet. Es folgt ein langer, mühsamer Anstieg durch den Wald, der, wie sollte es auch anders sein, dann eine lange, kurvige Abfahrt zur Folge hat. Entlang der Straße kommt man dann wieder zur Verbindung mit der südlichen Schleife. Dank der schneesicheren Höhenlage – hier kann man noch laufen, wenn es unten im Tal bereits grün ist – und dank der guten Loipenpflege ist die Mühlau auch gut frequentiert.

Tipp

Man kann die Loipen im Ortsbereich zu einer Rundtour verbinden. Entweder läuft man im Uhrzeigersinn von der Audorfer Rundloipe über die Niederaudorfer Loipe zur Kloster-Loipe, dann zurück über die Audorfer Rundloipe zur Bundesstraße und zur gegenüberliegenden Thal-Loipe und weiter zur Sportplatz-Loipe. Oder man nimmt den Weg in umgekehrter Richtung und startet von der Sportplatz-Loipe aus. Allerdings sollte man sich vorher informieren, ob auch alle Loipen gespurt sind.

20 Samerberg

Klein, aber fein

15 km

leicht bis mittel

Lage: Der Samerberg ist ein Hochtal südöstlich von Rosenheim zu Füßen der Hochries. Die Loipen befinden sich zwischen Grainbach und Törwang in einem abwechslungsreichen Gelände.
Gesamtlänge: 15 km
Schwierigkeit: Leicht bis mittel
Kategorie: Klassisch und Skating
Anfahrt: *Auto:* Auf der A 8 München – Salzburg bis zur Ausfahrt Achenmühle. Von dort fährt man etwa 4 km bis nach Grainbach oder Törwang.
ÖV: Mit öffentlichen Verkehrsmitteln ist der Samerberg etwas umständlich erreichbar. Vom Bahnhof Rosenheim aus gibt es eine Busverbindung.
Start: Am Ortsrand von Grainbach ist rechts ein Parkplatz direkt an der Loipe. Alternativ kann man bei der Samerberger Schule zwischen Grainbach und Törwang beginnen. Man fährt auf der schmalen Straße bei der Schule vorbei und ein Stück bergab bis zu einem Parkplatz.
Skiverleih: Hans Bauer, Hartbichl, 83122 Samerberg, Tel.: 08032/98 94 51
Einkehr/Übernachtung: Gasthöfe in Grainbach und Törwang
Information: Verkehrsverein Samerberg, Dorfplatz 3, 83122 Samerberg, Tel.: 08032/86 06, Internet: www.samerberg.de

Der idyllisch gelegene Samerberg ist traditionell ein beliebtes Ausflugsziel und dank der Hochlage zwischen 600 und 700 Meter ein gutes Terrain für winterliche Aktivitäten. Das abwechslungsreiche Hochtal an der Nordseite des Hochriesgipfels mit den Hauptorten Grainbach und Törwang bietet im Winter gewöhnlich eine gute Schneesicherheit. Neben dem kleinen Skigebiet bei Grainbach sind es vor allem die Langlauf- und Wandermöglichkeiten, die den Samerberg auszeichnen. Allerdings müssen sich die Langläufer mittlerweile mit einem ziemlich reduzierten Angebot zufrieden geben. Ein Großteil der bislang genutzten Loipen wird nicht mehr gespurt. Probleme mit den Jägern, so hört man im Verkehrsamt in Törwang, seien schuld daran. Und Infos über das Angebot sind auch nur mühsam zu bekommen. Was übrig geblieben ist, sind die Loipen in der Talmitte, die man von Grainbach und von der neuen Schule zwischen Grainbach und Törwang aus betreten kann.

Hauser-Loipe Ein kleiner und leichter Rundkurs, der insgesamt 1,5 Kilometer lang ist und am Parkplatz vor Grainbach beginnt. Die Loipe führt entlang der Straße nach Norden, macht eine Linkskehre auf dem weitgehend flachen Gelände – es gibt nur sanfte Höhenunterschiede – und kehrt dann direkt zum Parkplatz zurück. Eine Runde, die sich für Anfänger oder zum Aufwärmen eignet.

20

Filzen-Loipe Das Hauptstück des Loipenangebots auf dem Samerberg bzw. das, was eben übrig geblieben ist. Man kann sie entweder von Grainbach oder von der Samerberger Schule aus beginnen. Von Grainbach läuft man am Parkplatz los und folgt der Spur entlang des Dorfes an der majestätisch gelegenen Kirche vorbei, quert die Straße zwischen Grainbach und Törwang und hält sich an der Gabelung links. Die Loipe zieht nun in weiten Bögen nach Westen, dann im Talgrund nach Norden in Richtung Törwang. Zurück in Richtung Osten geht es vorbei am Schwimmbad bis zur Schule und von dort weiter bis zur Gabelung vor Grainbach, die man kurz vor dem Start schon passiert hat. Hier schließt sich nun der Kreis, und man kann rechts noch eine Runde anschließen oder links zurück zum Parkplatz bei Grainbach laufen.
Gute 10 Kilometer ist die Filzen-Loipe lang und absolviert vor allem in der Nähe von Grainbach und bei der Schule auch sportliche Anstiege und Abfahrten. Im westlichen Bereich gibt es einige Varianten wie die Kleine Reibn und den Torfstich, mit denen man die Tour etwas verlängern kann. Allerdings sollte man sich vorher erkundigen, was nun wirklich präpariert ist, denn das Infomaterial ist nicht immer auf dem neuesten Stand, und ein Langlaufparadies, wie sich der Samerberg früher nannte, ist er heute wohl nicht mehr.

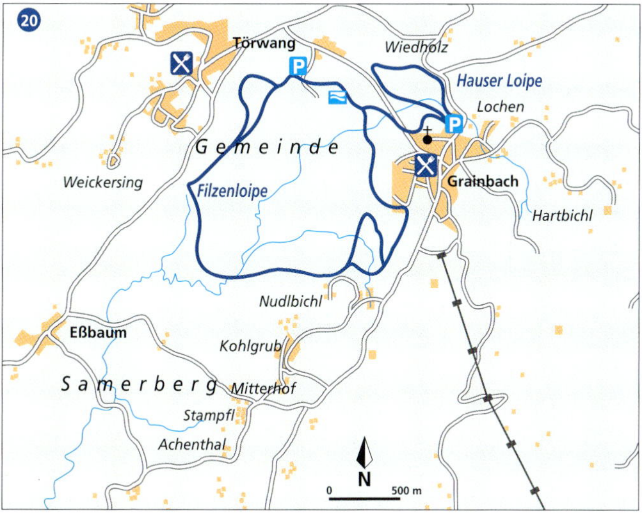

21 Aschau

Eine Adresse für Genießer

km 6,5 km

leicht bis mittel

Lage: Verkehrsgünstig gelegen präsentiert sich der traditionsreiche Urlaubsort vor der Kampenwand am Eingang des Prientals. Die beiden Loipen befinden sich jeweils am westlichen und östlichen Ortsrand.
Gesamtlänge: 6,5 km
Schwierigkeit: Leicht bis mittel
Kategorie: Klassisch und Skating
Anfahrt: *Auto:* Von der A 8 München – Salzburg fährt man bei der Ausfahrt Frasdorf/Aschau etwa 3 km nach Süden bis nach Aschau.
ÖV: Mit der Bahn geht es über Rosenheim nach Prien. Zwischen Prien und Aschau verkehrt die Chiemgau-Bahn.
Start: Die Loipen sind nicht miteinander verbunden. Die Hallenbad-Loipe erreicht man in der Zellerhornstraße oder direkt am Hallenbad. Die Senioren-Loipe in der Nähe des Bahnhofs in der Aufhamer Straße oder beim Parkplatz in Kohlstatt am Ostrand von Aschau.
Skiverleih: Sport Steigenberger, Kampenwandstr. 24, 83229 Aschau i. Chiemgau, Tel.: 08052/90 64 90
Einkehr/Übernachtung: Zahlreiche Gasthöfe und Hotels in Aschau
Information: Tourist-Info, Kampenwandstr. 38, 83229 Aschau i. Chiemgau, Tel.: 08052/90 49 37, Internet: www.aschau.de

Kommt man von der Autobahn nach Aschau, dann eröffnet sich nach einer kurzen Waldpassage ein herrlicher Blick auf das Dorf, die weite Ebene des Prientals und die mächtige Kampenwand. Im Hintergrund leuchtet die Burg Hohenaschau. Fürwahr ein stattlicher Anblick. Als Wintersportort hat Aschau Tradition. Einmal wegen des kleinen, sportlichen Skigebiets auf der Kampenwand, auch wenn die Liftanlagen schon ziemlich in die Jahre gekommen sind. Aber auch unten im Tal gibt es viele Möglichkeiten zum Wan-

Tipp

Sinnvoll ist der Langlaufausflug nach Aschau in Verbindung mit den Loipen bei Sachrang. Und zwar nicht nur wegen des größeren Angebots, sondern auch wegen der eindeutig besseren Schneelage in Sachrang. Zwischen Aschau und Sachrang verkehrt regelmäßig eine RVO-Buslinie. So kann man sich die Fahrt bis nach Hainbach sparen, wo der Einstieg zur Priental-Loipe direkt neben der Straße ist.

21

dern und natürlich zum Langlaufen. Nun sind die beiden Loipen in Aschau kein üppiges Angebot, aber in Verbindung mit den Loipen zwischen Aschau und Sachrang reicht es allemal für einen Ausflug. Und im Anschluss kann man sich bei der hiesigen Gastronomie stärken, sei es in der exklusiven und sündteuren Residenz des Starkochs Heinz Winkler oder in einem bodenständigen Wirtshaus. Insgesamt ist Aschau also eher für den gemütlichen Langläufer empfehlenswert.

Winterliche Stimmung

Hallenbad-Loipe Gut 4 Kilometer lang ist diese Rundloipe am westlichen Ortsrand. Zunächst fährt man beim Friedhof von der Hauptstraße rechts ab und nach der Residenz von Heinz Winkler rechts zum Hallenbad. Dort gibt es auch Parkmöglichkeiten. In der Loipe kann man in mehreren Schleifen entweder nach Süden bis zu den Häusern in der Zellerhornstraße oder nach Norden auf der weitgehend flachen Wiese bis zum Weiler Fellerer laufen. Zwischendurch gibt es einige leichte Höhenunterschiede. Allerdings braucht diese Loipe wegen der exponierten Lage gute Schneeverhältnisse. Ein Vorteil: Im Hallenbad gibt es Umkleide- und Duschmöglichkeiten.

Senioren-Loipe Die eigenartige Namensgebung sollte man nicht zu wörtlich nehmen. Vermutlich hat sie damit zu tun, dass sie relativ kurz und leicht ist. Dabei gibt es gerade beim Langlaufen ziemlich gut trainierte Senioren. Startet man von der Aufhamer Straße unweit des Bahnhofs und der Priental-Passagen, führt die Loipe in einem weiten Bogen über das Aufhamer Feld. Im östlichen Bereich am Rande des Anstiegs zieht sich die Spur entlang des Waldrands bis zum Ortsteil Innerkoy, macht später eine Kehre und kommt zurück zum Aufhamer Feld. Mit etwa 2,5 Kilometer eine recht kurze und dabei weitgehend leichte Runde.

22 Sachrang

Schneesicher beim Müllner Peter

km 15 km

leicht bis mittel

Lage: Einsame Lage im Priental an der Tiroler Grenze auf relativ schneesicheren 740 m Höhe. Bei den Loipen handelt es sich vor allem um die 8 km lange Priental-Loipe, die dem Verlauf der Prien und der Straße von Aschau nach Sachrang folgt und direkt in die Sachranger Rundloipe mündet.
Gesamtlänge: 15 km
Schwierigkeit: Leicht bis mittel
Kategorie: Klassisch und Skating
Anfahrt: *Auto:* Von der A 8 München – Salzburg kommend, nimmt man die Ausfahrt Frasdorf/Aschau, fährt nach Süden bis Aschau, durch den Ort und weiter ins Priental entweder bis zum Parkplatz bei Hainbach zur Priental-Loipe oder direkt nach Sachrang.
Start: Es gibt entlang der Priental-Loipe mehrere Startmöglichkeiten von Hainbach bis Sachrang. Zentral und bequem ist es bei Sachrang, wo es an der Straße auch genügend Parkmöglichkeiten gibt.
Skiverleih: Sport Steigenberger, Kampenwandstr. 24, 83229 Aschau i. Chiemgau, Tel.: 08052/90 64 90
Einkehr/Übernachtung: Gasthöfe und Hotels in Sachrang
Information: Tourist-Info, Kampenwandstr. 38, 83229 Aschau i. Chiemgau, Tel.: 08052/90 49 37, Internet: www.aschau.de

Im Priental auf dem Weg nach Sachrang

Als rechtes Schneeloch gilt das kleine Dorf im hintersten Winkel des Prientals, und das hören Langläufer natürlich sehr gerne. Wenn draußen in Aschau oder Frasdorf schon alles grünt, findet man in Sachrang oft noch die schönste Winterlandschaft. In sport-

22

licher Hinsicht bietet das kleine, idyllische Dorf vor allem für die Loipenfans einiges. In alpiner Hinsicht gibt es rechts und links der Straße fünf allerdings recht kurze Lifte, die nur bescheidenen Ansprüchen genügen. Empfehlenswert sind auch ein Spaziergang durch den Ort und ein Besuch des Müllner-Peter-Museums im Zentrum, wo die Geschichte des Musiklehrers und Heilkundlers aus dem 19. Jahrhundert im alten Schulhaus dokumentiert ist.

Doch nun zu den Loipen. Da beide Loipen miteinander verbunden sind, ist es naheliegend, direkt in Sachrang an den Start zu gehen. Am Ortsrand ist links ein großer Parkplatz, wo die Forststraße hinauf zum Geigelstein und zur Priener Hütte beginnt, auch weiter südlich bei der Sachranger Rundloipe nahe dem einstigen Wohnhaus des Müllner Peter kann man parken.

Sachrang: Ferienort mit Tradition

Prientalloipe Die 8 Kilometer lange Priental-Loipe zieht sich zwischen Hainbach und Sachrang an der Prien entlang. Eine leichte bis mittlere Strecke, die recht abwechslungsreich über Wiesen und durch kurze Waldpartien begleitet. Der nördlichste Punkt ist bei Hainbach. Von dort führt sie auf der östlichen Talseite entlang in Richtung Sachrang. Kurz nach Huben, einem Weiler auf der rechten, also der westlichen Talseite etwa bei Berg, geht es dann mehr oder weniger fließend über in die Sachranger Rundloipe.

Sachranger Rundloipe Eine rund 7 Kilometer lange Rundstrecke, die von Aschach, einem Weiler am Südrand von Sachrang auf der östlichen Straßenseite, nach Norden bis zum Weiler Berg führt. Idealerweise startet man in Aschach, wo es bei den beiden Skiliften ausreichend Parkmöglichkeiten gibt. Die Loipe startet direkt neben der Straße bei dem kleinen Wirtshaus. Von dort geht es direkt neben der Straße ohne nennenswerte Höhenunterschiede nach Norden. Vorbei am Parkplatz für die Priener Hütte und den Geigelstein läuft man weiter über offene Wiesen und am Waldrand entlang, kann dann retour laufen oder aber in die Priental-Loipe wechseln. Unterwegs gibt es einige Bushaltestellen wie zum Beispiel in Innerwald oder Hainbach, wenn einem die Puste ausgehen sollte. Von dort kann man mit dem RVO-Bus zurückkehren, der von Montag bis Samstag die Strecke von Aschau nach Sachrang fährt.

Tipp

In Sachrang kann man auch abends in die Loipe gehen. Am Kohlstattweg an der Talstraße, dort gibt es auch Parkmöglichkeiten, beginnt eine 2 Kilometer lange Strecke, die täglich zwischen 18.30 und 21.00 Uhr beleuchtet wird.

Ebbs

23

Leichte Loipen und edle Gastronomie

km 19 km

leicht

Lage: Ebbs liegt auf der Ostseite des Inntals nördlich von Kufstein. Die Loipen befinden sich alle im ortsnahen Bereich auf weitgehend flachem Gelände und sind leicht zu laufen.
Gesamtlänge: 19 km
Schwierigkeit: Leicht
Kategorie: Klassisch und Skating
Anfahrt: *Auto:* Ebbs liegt verkehrsgünstig neben der Inntalautobahn. Von der Ausfahrt Oberaudorf sind es 3 km bis zum Ort. Man fährt über die Innbrücke auf die Tiroler Seite, biegt in Niederndorf rechts ab und kommt nach Ebbs. *ÖV:* Mit öffentlichen Verkehrsmitteln ist es etwas mühsam. Der nächste Bahnhof befindet sich in Oberaudorf, das rund 5 km entfernt ist.
Start: Die Loipen in Ebbs und auch im benachbarten Niederndorf sind bei entsprechender Schneelage alle miteinander verbunden. Das bedeutet, dass man sowohl im Ortszentrum Station machen und dort beginnen kann als auch in Niederndorf im Zentrum oder zum Beispiel im Süden von Ebbs auf dem Parkplatz nahe dem Billa-Supermarkt. Wer die Langlauftour mit einem Besuch des Erlebnisbades »Hallo Du« kombinieren will, der kann auch dort sein Auto parken und in die Loipe wechseln.
Skiverleih: Keiner
Einkehr/Übernachtung: Viele Gasthöfe und Hotels in Ebbs und Niederndorf
Information: Touristinfo Ebbs, Wildbichler Str. 24, A-6341 Ebbs, Tel.: 0043/5373/4 23 26, Internet: www.ebbs.at

Eigentlich ist der kleine Urlaubsort an der Grenze zwischen Bayern und Tirol im Inntal kaum zu übersehen – nicht zuletzt wegen seiner monumentalen Pfarrkirche. Der barocke Prachtbau aus dem 18. Jahrhundert trägt deshalb auch den Beinamen »Dom zu Ebbs«. So unscheinbar das Dorf auf den ersten Blick wirken mag, so hat es einige erstaunliche Dinge zu bieten. Zum Beispiel das Erlebnisbad »Hallo Du« am westlichen Ortsrand gleich neben der Langlaufloipe oder das berühmte Haflingergestüt »Fohlenhof« etwas außerhalb des Ortes Richtung Nordosten.
Das Loipennetz von Ebbs zieht sich fast wie ein Kreis auch hinüber zum Nachbarort Niederndorf. Man kann von Ebbs aus also eine ausführliche Rundtour machen, die einen weiter nach Süden bis vor die Schanzer Wände am Zahmen Kaiser bringt. Und vor allem lassen sich die Langlaufausflüge mit dem Badespaß im »Hallo Du« oder einem Ausflug in die beachtenswerte Gastronomie verbinden.

Tipp

In Ebbs und Niederndorf gibt es ein außergewöhnlich gutes gastronomisches Angebot:

Tiroler Hof, Gourmetrestaurant an der Innbrücke bei Niederndorf, Tel.: 0043/5373/6 12 13

Unterwirt, gehobenes Restaurant im Zentrum von Ebbs, Wildbichler Str. 38, Tel.: 0043/5373/4 22 88

Gasthof Zur Schanz, gutbürgerliches Gasthaus südlich von Ebbs in Loipennähe, Schanz 1, Tel.: 0043/5373/6 45 50

23

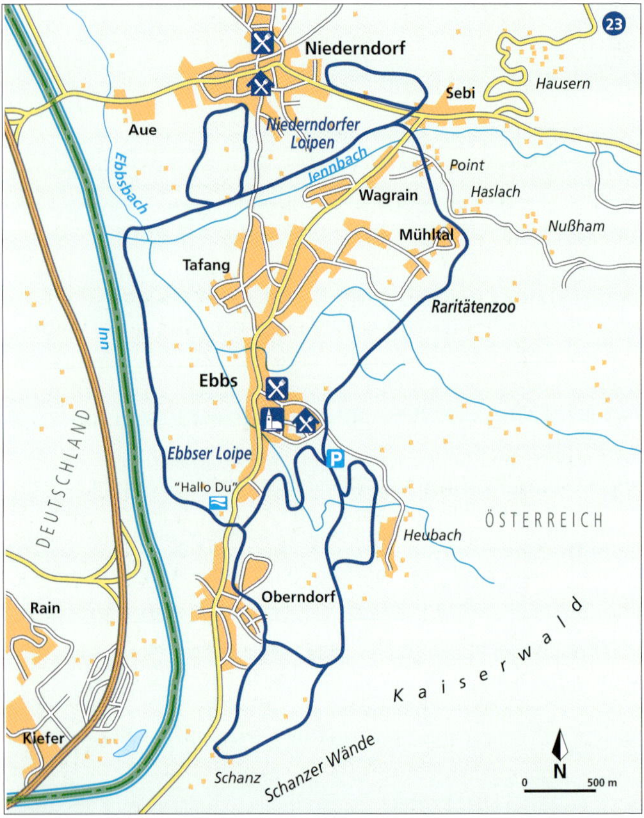
23
Niederndorf
Sebi
Hausern
Aue
Niederndorfer Loipen
Jennbach
Ebbsbach
Point
Haslach
Wagrain
Nußham
Mühltal
Tafang
Raritätenzoo
Inn
Ebbs
DEUTSCHLAND
Ebbser Loipe
"Hallo Du"
ÖSTERREICH
Heubach
Oberndorf
Rain
Kaiserwald
Kiefer
Schanz
Schanzer Wände
N
0
500 m

23

Ebbser Loipe Eine leichte Loipe auf weitgehend flachem Gelände, die mit einigen Varianten insgesamt etwa 14 Kilometer lang ist. Ausgehend vom Parkplatz beim Billa-Supermarkt läuft man auf der Westseite der Hauptstraße über ein freies Feld nach Westen, dann in einem Rechtsbogen vorbei am »Hallo Du« nach Norden. Ein Stück verläuft die Loipe am Ufer der Ebbse entlang, dann geht es rechts über die Brücke und weiter bis zur Straße von Ebbs nach Niederndorf, die man überquert. Weiter nach Osten kreuzt man die Straße Richtung Walchsee und geht weiter bis Point. Nun zieht die Loipe nach Süden bis Mühltal und dann am Raritätenzoo vorbei. Nach dem Kaiserhotel läuft man nach Süden bis kurz vor Schanz unter den steilen Wänden des Zahmen Kaisers. Nun macht die Loipe eine Rechtskehre, geht direkt nach Norden bis Oberndorf und schließlich bis nach Ebbs zum Ausgangspunkt der Tour.
Niederndorfer Loipen Am Ortsrand von Niederndorf gibt es zunächst eine etwa 3 Kilometer lange, ziemlich leichte Rundloipe, die südlich des Ortes direkt neben der Straße nach Ebbs verläuft und einen Anschluss zur Ebbser Loipe hat, und zwar beim Parkplatz am Jennbach direkt an der Straße. Eine weitere, etwa 2 Kilometer lange Loipe wird am östlichen Ortsrand gespurt, die man auch von Sebi aus, dem nächsten Ort nach Niederndorf in Richtung Walchsee, erreichen kann. Beide Loipen sind übrigens miteinander verbunden. Und zwar verläuft diese Verbindungsloipe direkt am Jennbach entlang. Man kann also sämtliche Loipen, auch die von Ebbs, in einem ablaufen.

Ebbs mit dem mächtigen Zahmen Kaiser

24 Wilder Kaiser – Brixental

Im größten Skigebiet Österreichs

km 170 km

leicht bis schwer

Lage: Die Skiwelt Wilder Kaiser – Brixental befindet sich auf der Südseite des Wilden Kaisers sowie im Paralleltal zwischen Wörgl und Kitzbühel. Das Loipenangebot verteilt sich auf die Orte.
Gesamtlänge: 170 km
Schwierigkeit: Leicht bis schwer
Kategorie: Klassisch und Skating
Anfahrt: *Auto:* Die Skiwelt Wilder Kaiser – Brixental ist mit dem Auto einfach zu erreichen. Über die A 8 München – Salzburg fährt man bis zum Inntaldreieck, dann auf der Inntalautobahn A 93 bis zur Ausfahrt Kufstein-Süd. Dort geht es auf der Eibergstraße in Richtung Osten bis Scheffau, Ellmau, Going oder nach Söll. Das Brixental erreicht man über die Ausfahrt Wörgl-Ost auf der Inntalautobahn.
ÖV: Mit der Bahn bis Kufstein, wo es Busverbindungen gibt, oder bis Wörgl mit Umsteigen Richtung Kitzbühel.
Start: Verschiedene Startplätze in den einzelnen Orten
Skiverleih: Sport Fuchs, Liftweg, A-6364 Brixen, Tel.: 0043/5334/82 81
Top-Skischule Ellmau, A-6352 Ellmau, Tel.: 0043/5358/37 00, Internet: www.skiverleih-ellmau.at
Skiservice Paul Kurz, A-6361 Hopfgarten, Tel.: 0043/5335/33 79, Internet: www.schiverleih-kurz.com
Alpinsport Edinger, A-6306 Söll, Tel.: 0043/5333/51 59, Internet: www.sport-edinger.at
Einkehr/Übernachtung: Zahlreiche Gasthöfe und Hotels in den Orten der Skiwelt. Für Langläufer werden Pauschalen inklusive Skiverleih und Kurs angeboten.
Information: Wilder Kaiser – Brixental Tourismus, Dorf 35, A-6352 Ellmau, Tel.: 0043/5358/505, Internet: www.skiwelt.at

Am Wilden Kaiser locken viele Abfahrten.

Kaiserliches Langlaufvergnügen verspricht die Skiwelt Wilder Kaiser – Brixental. An Größe mangelt es dem Skiverbund zu Füßen des Wilden Kaisers in der Tat nicht. Mit 250 Kilometer Pisten gilt er als größtes zusammenhängendes Skigebiet Österreichs. Und auch die Langläufer finden hier ein großes Angebot. Gut 170 Kilometer Loipen sind gespurt, die entsprechenden Schneeverhältnisse vorausgesetzt. Und wenn die gut sind, dann sind fast alle Orte mit Loipen verbunden. Auf der Nordseite gibt es eine Verbindungsloipe von Söll über Scheffau bis Ellmau und Going und weiter in Richtung St. Johann in Tirol. Analog steht dann eine Loipenverbindung auf der Südseite im Brixental von Hopfgarten über Westendorf bis Brixen und weiter nach Kirchberg und Kitzbühel zur Verfügung. Einzig zwischen Itter und Hopfgarten fehlt eine entsprechende Loipe.

Was das restliche Wintersportangebot angeht, so ist am Wilden Kaiser eigentlich alles vorhanden. Mon-

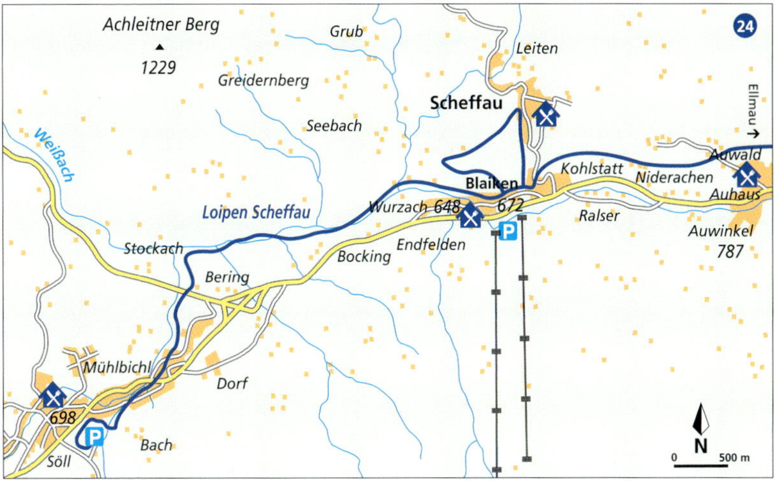

dän wie das nahe Kitzbühel ist es natürlich nicht. Nachtschwärmer wird es eher in Söll gefallen. Wer es beschaulich mag, für den ist Going oder Westendorf zu empfehlen. Und Naturliebhaber werden in der Kelchsau glücklich, dem stillen Seitental des Brixentals. Ellmau lockt die Gäste mit Komforthotels und dem Erlebnisbad Kaiserbad. Für Rodler ist die Naturbahn von Hochsöll interessant – auch deshalb, weil man die Bergfahrt mit der Bahn absolvieren kann. In Ellmau gibt es eine 4,5 Kilometer lange Rodelbahn, die abends beleuchtet wird. Und damit den Gästen tagsüber nicht fad wird, haben sich die Touristiker am Wilden Kaiser auch Events wie die Blondinenweltmeisterschaft oder regelmäßige Skihasentreffs einfallen lassen. Irgendwie passt da auch der berühmte Stanglwirt dazu. Das mittlerweile riesige Nobelhotel bei Going samt Lipizzanergestüt ist der Schickeriatreff in der Region. Auch wenn der zu Going gehört, irgendwie will man ihn doch mehr Kitzbühel zuordnen. Halligalli mit Haifischaquarium im Wellnessbad. Das ist zwar nicht gerade das, was in Langläuferkreisen besonders begehrt ist, aber für Schlagzeilen ist der Stanglwirt immer gut.

Loipen in Scheffau In Scheffau, das etwas oberhalb der Talstraße liegt, gibt es eine 3 Kilometer lange Loipe, die vom Ortszentrum zur Talloipe führt. Die Talloipe verläuft entlang der Bundesstraße in Ost-West-Richtung zwischen Söll, Scheffau und Ellmau.

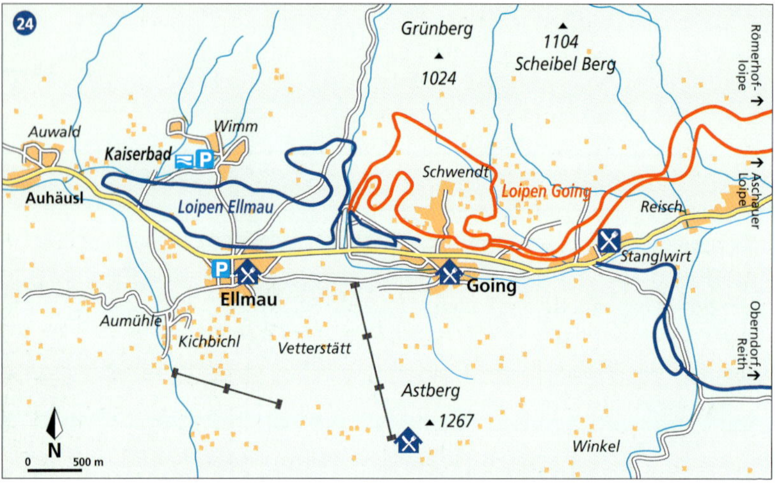

Loipen in Ellmau Die Ellmauer Kaiser-Loipe ist ein leichter, 10 Kilometer langer Rundkurs auf dem offenen und flachen Gelände nördlich der Bundesstraße. Start ist bei der Jägerhofstubn an der Bundesstraße bei der Ortszufahrt oder beim Ellmauer Kaiserbad etwas abseits der Straße. Etwas weiter östlich grenzt direkt die 2 Kilometer lange, leichte Blattl-Loipe an, die beim Blattlhof auf der Nordseite der Bundesstraße verläuft. Von der Blattlloipe kann man dann auf die anspruchsvollere Schwendter Loipe nördlich von Going wechseln.

Loipen in Going Die Schwendter Loipe verläuft nördlich von Going neben der Bundesstraße in einem weiten Bogen bis zur Brennhütte und wieder in Richtung Straße zurück. Von dem mittelschweren, 8 Kilometer langen Rundkurs führt eine Verbindungsloipe nach Osten zur Aschauer- und Römerhof-Loipe in Richtung St. Johann in Tirol. Außerdem gibt es beim Stanglwirt, dem berühmten Nobelhotel östlich von Going an der Bundesstraße, eine Verbindungsloipe in Richtung Oberndorf und Reith.

Loipen in Hopfgarten Zwei relativ lange Loipen werden südlich und westlich von Hopfgarten gespurt. Die Penning-Loipe ist eine 15 Kilometer lange Strecke, die südlich von Hopfgarten an der Penningbergstraße beginnt, bis zum Penningdörfl führt und dann rechts in Richtung Grafenweg weiter verläuft. Eine überwiegend

24

leichte Loipe, die nur kurz vor Penningdörfl einen mittelschweren Abschnitt hat. Bei Grafenweg gibt es eine Verbindungsloipe in Richtung Wildschönau. Die Hopfgarten-Loipe startet auf der Südseite des Ortes nahe der Brücke über die Brixentaler Ache und folgt dem Lauf der Kelchsauer Ache in Richtung Kelchsau. Die insgesamt 11 Kilometer lange, leichte Loipe führt in das Tal bis zum Wendepunkt beim Gasthaus Hörbrunn.

Loipen in Kelchsau Das ruhige Seitental des Brixentals ist immer noch ein Geheimtipp für Naturliebhaber und im Frühjahr ein beliebtes Ziel für Tourengeher. Langläufer finden in Kelchsau eine 8 Kilometer lange Loipe, die vom Dorf taleinwärts führt. Entlang der Straße läuft man bis zur Zwieselbrücke, wo dann die Loipe etwas anspruchsvoller wird. Das letzte Stück ist eine Rundstrecke bis zur Straßengabelung und weiter neben der linken Mautstraße bis zur Buchaualm.

Im Brixental

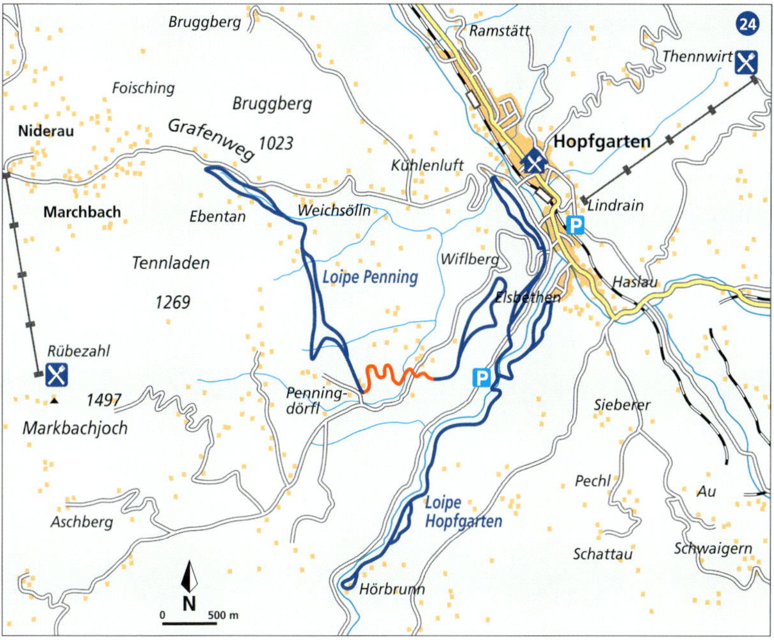

25 St. Johann in Tirol

Langlaufzentrum mit zahllosen Möglichkeiten

km 75 km

leicht bis schwer

Lage: St. Johann liegt in den Kitzbüheler Alpen an der Nordseite des Kitzbüheler Horns. Die Loipen verteilen sich auf den Talbereich bis zu den Nachbargemeinden Oberndorf, Kirchdorf und Erpfendorf.
Gesamtlänge: 75 km
Schwierigkeit: Leicht bis schwer
Kategorie: Klassisch und Skating
Anfahrt: *Auto:* Auf schnellstem Weg kommt man nach St. Johann in Tirol über die Inntalautobahn A 93 bis zur Ausfahrt Kufstein-Süd (vignettenfrei) und dann weiter über Scheffau, Ellmau und Going bis St. Johann.
Start: Idealer Ausgangspunkt ist das Langlaufstadion »Koasastadion« direkt an der Umgehungsstraße. Für die Loipen nach Süden und Osten gibt es einen Einstieg unweit des Zentrums am Murweg direkt an der Pillerseeache.
Skiverleih: Alle in A-6380 St. Johann in Tirol: Dynamic Sports, Wieshoferstr. 18, Tel.: 0043/5352/6 43 50
Fuchs, Meraner Str. 15, Tel.: 0043/5352/6 23 42
Haas-Sporthaus, Hornweg 7, Tel.: 0043/5352/6 28 88
Intersport Noichl, Koasastadion, Tel.: 0043/5352/6 25 15
Mair, Chr.-Blattl-Weg 3, Tel.: 0043/664/3 40 71 50
Staffner, Speckbacherstr. 33, Tel.: 0043/5352/6 24 68
Waldhuber, Speckbacherstr. 30a, Tel.: 0043/676/3 31 59 19
Einkehr/Übernachtung: Zahlreiche Hotels und Gasthöfe in St. Johann
Information: Tourismusverband, Poststr. 2, A-6380 St. Johann in Tirol, Tel.: 0043/5352/63 33 50, Internet: www.st.johann.tirol.at

Obwohl es nur wenige Kilometer vom mondänen Kitzbühel entfernt ist, hat sich St. Johann in Tirol als bodenständiger Wintersportort erhalten. Dank der Umgehungsstraße bleibt der Verkehr draußen, und die Fußgängerzone mit den engen Gassen und den

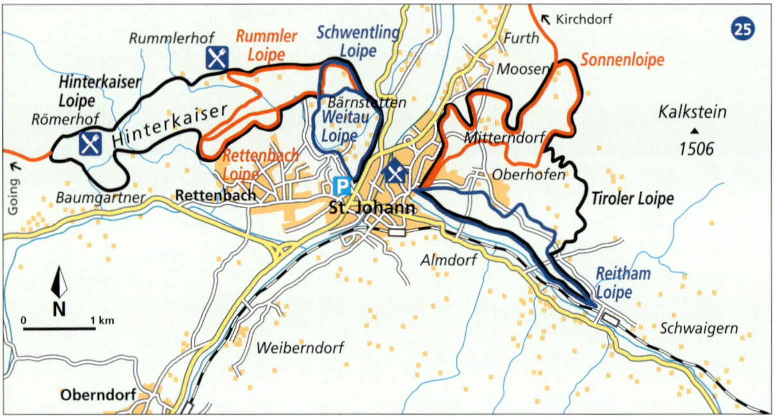

25

alten Häuserensembles wirkt ausgesprochen authentisch. Das Wahrzeichen von St. Johann ist gewissermaßen das Kitzbüheler Horn, mit der weithin sichtbaren Antenne auf dem Gipfel. Am Horn gibt es auch ein vielseitiges Skigebiet, das bis in den Ort hineinreicht. Mehr als für Skifahrer gilt der Ort jedoch für Langläufer als Topadresse. Nicht umsonst lockt alljährlich im Januar der Koasalauf zahllose Teilnehmer, darunter auch internationale Profis.
Wie es sich für einen renommierten Langlaufort gehört, hat auch St. Johann ein eigenes Langlaufstadion mit Duschen, Wachsraum und Langlaufstüberl. Dort kann man in die Loipen einsteigen, die nach Norden und Westen führen. Der weite und fast ebene Talgrund ist wie geschaffen für das Langlaufen. Wen es nach mehr gelüstet, der kann sich auf die schweren Loipen zum Beispiel hinauf bis zur Griesenau und in das Kaiserbachtal wagen. Nimmt man die Anschlussmöglichkeiten bis nach Going oder Waidring hinzu, dann eröffnen sich über 225 Loipenkilometer.

Flach das Tal, steil das Kitzbüheler Horn

Von Oberndorf aus gibt es auch Anschlussmöglichkeiten bis Kirchberg sowie bis zum Schwarzsee bei Kitzbühel. Die Möglichkeiten sind also sehr groß. Bei längeren Ausflügen empfiehlt es sich, Informationen über die Präparierung einzuholen.
Als etablierter Wintersportort bietet St. Johann natürlich noch einiges mehr. Die Panorama Badewelt etwa liegt nur wenige Meter neben dem Langlaufstadion und lockt mit Hallenbad, Sauna, Solarium und Wellness. Außerdem gibt es dort auch eine Kunsteisbahn. Eine lustige Rodelpartie verspricht die 2,5 Kilometer lange Bahn bei den Hochfeld-Sesselliften, die zudem an mehreren Wochentagen abends beleuchtet ist, wenn auch der Lift in Betrieb ist. Romantische Ausflüge kann man mit Pferdeschlitten unternehmen. Oder bei der Ballooning Tyrol eine Fahrt mit dem Heißluftballon buchen. Eine etwas andere Art der Fortbewegung wird in Oberndorf angeboten. Dort gibt es beim Hartsteinwerk eine Skidoo-Trainingsbahn. Und wem das nicht reicht, für den bietet sich vielleicht doch der Ausflug ins nahe Kitzbühel an.

Unterwegs bei St. Johann

Weitau-Loipe Ein leichter, rund 3 Kilometer langer Rundkurs, der im Koasastadion startet und nach Nordwesten eine Runde über das ebene Gelände dreht. Ideal für Anfänger und zum Warmlaufen für längere Touren rund um St. Johann.

Reitham-Loipe Ebenfalls ein sehr einfacher Rundkurs, der 6 Kilometer lang ist und am südlichen Startplatz beim Murweg beginnt. Auf dem flachen Terrain läuft man entlang der Pillerseeache bis kurz vor Alpbach. Dort ist eine Kehre, und es geht dann über das Gelände des Sportflugplatzes zurück zum Ausgangspunkt.

Sonnenloipe Eine mittelschwere, 13 Kilometer lange Strecke, die wieder am Murweg beginnt und zunächst mit der Reitham-Loipe identisch ist. Kurz vor der Umkehr macht diese Loipe noch eine weite Schleife nach Osten über kupiertes Wiesengelände bis Mitterndorf und Niederhofen und kehrt dann zum Startplatz zurück.

Tiroler Loipe Der Anfang der schweren, 12 Kilometer langen Tour ist wie bei der Sonnenloipe und der Reitham-Loipe. Nach der Wende an der Pillerseeache läuft man dann rechts ab und absolviert ein Steigungsstück mit einer folgenden Abfahrt. Danach kommt man in der Nähe der Trabrennbahn bei Oberhofen auf die Sonnenloipe und folgt dieser auf dem weiten Rundkurs über das flache Gelände zurück zum Startplatz.

Rummler-Loipe Vom Koasastadion läuft man wie bei der Weitau-Loipe über das Wiesengelände und hält sich bei einer Gabelung rechts. Über Gasteig und Stall geht es dann bergauf bis zu einer Straßenüberquerung. Kurz danach erreicht man beim Rummlerhof den Wendepunkt. Nun folgt eine leichte Abfahrt zum Bach, dann ein Aufstieg bis Moosbichl. Anschließend fährt man bis Rettenbach wieder bergab. Der Weg zurück zum Koasastadion ist dann identisch mit der Rettenbach-Loipe und recht einfach zu laufen. Insgesamt eine mittelschwere Tour von 8 Kilometer Länge.

Hinterkaiser-Loipe Diese längste und anspruchsvollste Loipe in St. Johann startet im Koasastadion und ist zunächst identisch mit der Rummler-Loipe bis zu deren Wendepunkt beim Rummlerhof. Die Hinterkaiser-Loipe geht dort geradeaus weiter parallel zur Straße und führt dann in den Wald hinein. Bis zu den Granderhöfen folgt eine längere Abfahrt, dann läuft man über ein Feld bis zum Römerhof. Nach einer weiteren Abfahrt stößt man auf die Goinger Loipe, biegt links ab nach Granderkrien und absolviert dann einen Anstieg bis zu den Höfen Baumgarten und Prantl. Weiter geht es dann auf den Bürger-Bühelgrat und schließlich noch auf einer schwierigen Abfahrt in Richtung Ulmbichl. Beim Ulmbichlweg vereinigt sich die Loipe dann mit der Rummler- und Rettenbach-Loipe und erreicht schließlich wieder das Koasastadion.

Rettenbach-Loipe Eine leichte, 7 Kilometer lange Rundloipe, die wie die Weitau-Loipe im Koasastadion beginnt, dann über flaches Gelände führt. An der Gabelung beim Klausenstall läuft man rechts wie bei der Rummler-Loipe. Kurz nachdem man an der Straße vorbeigelaufen ist, folgt man an der Gabelung der linken Loipe und dann am Hinterkaiserweg entlang, dann rechts bis Ulmbichl und dort in umgekehrter Richtung wieder zurück. Schließlich kommt man zur Weitau-Loipe und bleibt auf ihr bis zum Koasastadion.

Schwentling-Loipe Eine weitere Variante der Loipen am Koasastadion, die 5 Kilometer lang und leicht zu laufen ist. Wie bei der Rettenbach-Loipe läuft man bis zur Gabelung beim Klausenstall, dort rechts und weiter bei der nächsten Gabelung links und über Schwentling bis zur Kreuzung. Nun geht es rechts wie bei der Rettenbach-Loipe, allerdings nicht das ganze Stück weiter bis Ulmbichl. Kurz nach der Querung des Hinterkaiserwegs läuft man links und dann über den Frickingweg. Das Stück ist nun identisch mit der Weitau-Loipe und geht gemütlich zurück bis zum Koasastadion.

Tipp

Man hat von St. Johann aus mehrere Anschlussmöglichkeiten zu den Loipen der Nachbargemeinden Oberndorf, Kirchdorf und Erpfendorf. Zum Beispiel gibt es eine direkte Verbindungsloipe von St. Johann an der Großache entlang bis Kirchdorf und Erpfendorf. Oder man kann von Kirchdorf aus auf der Höhenloipe Gasteig weiter bis Griesenau und dort ins landschaftlich reizvolle Kaiserbachtal bis zur Griesener Alm laufen. Nach Norden gibt es noch eine Loipenverbindung in Richtung Kössen.

26 Pillerseetal

Von beschaulich bis sportlich

110 km

leicht bis schwer

Lage: Das Pillerseetal mit den Hauptorten Fieberbrunn, Hochfilzen, St. Jakob in Haus, St. Ulrich am Pillersee und Waidring erstreckt sich in Tirol am Nordrand der Kitzbüheler Alpen nahe der deutschen Grenze. Das umfangreiche Loipennetz verteilt sich auf den Talbereich zwischen den Orten.
Gesamtlänge: 110 km
Schwierigkeit: Leicht bis schwer
Kategorie: Klassisch und Skating
Anfahrt: *Auto:* Das Pillerseetal erreicht man mit dem Auto entweder über die A 8 München – Salzburg bis zum Inntaldreieck, dann weiter auf der Inntalautobahn A 93 bis zur Ausfahrt Kufstein-Süd und über St. Johann in Tirol ins Pillerseetal. Oder man fährt auf der A 8 bis zur Ausfahrt Bernau/Prien und auf der B 302 über Reit im Winkl bis Waidring.
ÖV: Mit der Bahn gibt es keine direkte Verbindung. Nächste Bahnstation ist St. Johann in Tirol. Von dort fährt man dann weiter mit dem Bus.
Start: Verschiedene Startplätze in den jeweiligen Orten.
Skiverleih: Intersport Günther, A-6391 Fieberbrunn, Tel.: 0043/5354/5 26 20
Intersport Günther, A-6393 St. Ulrich am Pillersee, Tel.: 0043/5354/8 82 71
Intersport Kienpointner, Dorfstr. 6, A-6384 Waidring, Tel.: 0043/5353/54 51
Einkehr/Übernachtung: Zahlreiche Gasthöfe und Hotels in Fieberbrunn, Hochfilzen, St. Jakob in Haus, St. Ulrich am Pillersee und Waidring
Information: Tourismusverband Pillerseetal, Dorfplatz 1, A-6391 Fieberbrunn, Tel.: 0043/5354/5 63 04, Internet: www.pillerseetal.at

Ruhig und gemütlich – das unterscheidet die Wintersportorte im Pillerseetal von den berühmten Nachbarn Kitzbühel oder Saalbach. Nur wenige Kilometer von den großen Skiarenen entfernt findet man hier die beschauliche Art des Winterurlaubs. Zwischen Loferer Steinbergen und Kitzbüheler Alpen bilden die Orte Fieberbrunn, Hochfilzen, St. Jakob in Haus, St. Ulrich am Pillersee und Waidring eine vielleicht weniger bekannte, dafür aber umso vielseitigere Destination. Dazwischen verteilt sich ein Loipennetz, das sich auch mit den etablierten Nachbarn in St. Johann in Tirol oder Kössen durchaus messen kann. Und da ist alles dabei, was Langläufern gefällt. Von einfachen Übungsloipen bis zu sportlich-anspruchsvollen Strecken wie der bekannten Europa-Loipe in Hochfilzen, das ja auch ein etablierter Biathlon-Stützpunkt ist, bis zu Nachtloipen. Außerdem hat man von Waidring aus Anschluss an die Kaiser-Loipen rund um St. Johann in Tirol.
Skifahrer zieht es zu den Pisten auf der Steinplatte bei Waidring, die auch von Reit im Winkl aus erreichbar sind, nach Fieberbrunn auf die Abfahrten auf den Streuböden und dem Lärchfilzkogel und

schließlich zum Skigebiet Buchensteinwand, das von Hochfilzen und St. Ulrich aus erreichbar ist. Fieberbrunn ist eindeutig *der* Ort für Skifahrer und Snowboarder. Letztere finden dort in der Halfpipe und im Trainingszentrum entsprechende Angebote. Die Buchensteinwand ist ebenso wie die Steinplatte dann mehr ein Familienskigebiet. Darüber hinaus gibt es passend zur eher beschaulichen Atmosphäre des Pillerseetals auch sanften Wintersport. In Waidring, Hochfilzen und St. Jakob kann man auf Rodelbahnen, die teils abends beleuchtet sind, talwärts sausen. Ebenso findet man in den aller meisten Orten die Möglichkeit zum Eislaufen oder Eisstockschießen.

Eine Spezialität ist das Klumpern, eine Art nostalgischer Skibob aus Holz, mit dem man bergab fahren kann. Beim Hauserer Klumperverein kann man sich jeden Dienstagabend im Klumpern testen. Und wer sich als Biathlet versuchen will, der kann dies in Hochfilzen tun. Dort werden an jedem Donnerstag Schnupperkurse auf der Warming-Loipe angeboten.

26

Dandler-Loipe Fieberbrunn Die leichte, etwa 15 Kilometer lange Loipe führt von Fieberbrunn in Richtung Hochfilzen bis Feistenau und hat dort Anschluss zur Europa-Loipe, die von Hochfilzen her kommt. Die Dandler-Loipe beginnt beim Gasthof Dandler in Fieberbrunn und verläuft auf ebenem Gelände bis zum Bauernhof Vormau. Danach wird es etwas anspruchsvoller, es folgen einige Anstiege bis nach Feistenau, dem Wendepunkt.

Lauchsee-Loipe Fieberbrunn Nur 5 Kilometer lang und mittelschwer ist die Loipe von Fieberbrunn zum Lauchsee. Startpunkt ist beim Austria Trendhotel bei der Talstation des Streuböden-Lifts. Zunächst läuft man über offenes Gelände am Bauernhof Schweinesten vorbei bis zum See. Dann dreht man eine Runde um den kleinen Bergsee und kehrt zum Ausgangspunkt zurück.

Weißach-Loipe Fieberbrunn Eine mittelschwere Rundloipe, die von Fieberbrunn nach Südwesten zum Schwefelbad führt und etwa 8 Kilometer lang ist. Beim Gasthof Großlehen in Fieberbrunn geht es los. Dann läuft man leicht ansteigend an den Weißach-Liften vorbei hinauf zum Schwefelbad. Dort macht die Loipe eine Wende, und es geht dann gemäßigt bergab durch das baumreiche Lackenfeld zurück zum Gasthof Großlehen.

Europa-Loipe Hochfilzen Eine der bekanntesten Loipen im Pillerseetal startet in Hochfilzen und führt auf abwechslungsreichem Gelände in einem weiten Bogen bis Feistenau und zurück nach Hochfilzen. Danach setzt sie sich auf geradem Weg durch das Tal in Richtung Grießenpass bis zum Tödlingwirt fort und kehrt entgegengesetzt durch den Spielbachwald zurück nach Hochfilzen. Eine 10 Kilometer lange und anspruchsvolle, also mittelschwere bis schwere Strecke. Start ist im Dorfzentrum von Hochfilzen bei der Raiffeisenbank.

Warming-Loipe Hochfilzen Eine leichte Rundstrecke in Hochfilzen, 5 Kilometer lang und beliebte Trainingsstrecke von Leistungssportlern. Vom Warmingerhof aus läuft man in Richtung Wiesensee bis zum Gasthof Wiesenseetal. Dort wendet die Loipe und führt wieder zum Warmingerhof zurück.

Sonnen-Loipe St. Jakob in Haus Recht abwechslungsreich, aber dennoch einfach zu laufen ist die 6 Kilometer lange Loipe bei St. Jakob in Haus. Von St. Jakob geht es an den Sportanlagen vorbei bis zum Ortsteil Moosbach und zurück nach St. Jakob.

Im frisch verschneiten Pillerseetal

Leicht-Schwitz-Loipe St. Ulrich am Pillersee Die ungewöhnliche Bezeichnung deutet schon an, dass es sich hier um eine eher leichte Strecke handelt. Vom Hallenbad in St. Ulrich folgt man über flaches Gelände einem 6 Kilometer langen Rundkurs, der teils flach und teils ansteigend bis zum Ortsteil Au verläuft und dort nach rechts und leicht abfallend zurück zum Hallenbad bringt.

Schwitz-Loipe St. Ulrich am Pillersee Die etwas anspruchsvollere und längere Variante der Leicht-Schwitz-Loipe. Start ist wieder beim Hallenbad, dann läuft man bis Au auf derselben Strecke. Dort kommt eine Verlängerung über Rossau bis Flecken und dann zurück zum Hallenbad von St. Ulrich. Gesamtlänge: 10 Kilometer.

Viel-Schwitz-Loipe St. Ulrich am Pillersee Zu guter Letzt noch die sportlichste Variante in St. Ulrich. Auch hier startet man wieder am Hallenbad und läuft bis Au. Dort geht der Weg links weiter bis Weißleiten und über Schwendt bis zur Rossau und über Flecken zurück.

Dorf-Loipe Waidring Ein leichter, 3 Kilometer langer Rundkurs im Ortsgebiet von Waidring. Man startet beim Freizeitzentrum und läuft am Zentrum vorbei bis zum Parkplatz bei der Talstation der Seilbahn und dann zum Startplatz zurück.

Tipp

In und um Waidring sollte man noch zwei besondere Loipen erwähnen. Da ist einmal die Höhenloipe auf der Steinplatte, die man über die Mautstraße von Waidring aus erreichen kann. Ein Fall für Könner ist die 2 Kilometer lange Rennloipe in Waidring.

Blachholz-Loipe Waidring Eine gemütliche Talloipe, die auf 8 Kilometer Gesamtlänge von Waidring nach Westen in Richtung St. Johann bis Enthgrieß führt. Einstieg ist an der Dorfstraße beim Autohaus Winkler. Dort läuft man über flaches Gelände bis zur Blachholzkapelle, dann weiter über Wiesen und durch Waldpassagen, bis schließlich der Gasthof Enthgrieß erreicht wird. Hier wendet die Loipe und führt nach Waidring zurück. Am Wendepunkt hat man die Möglichkeit, auf der Kaiser-Loipe weiter in Richtung Erpfendorf und St. Johann in Tirol zu laufen.

27 Walchsee

Rund um den See unter dem Zahmen Kaiser

km 60 km

leicht bis schwer

Lage: Der Walchsee mit dem gleichnamigen Ort liegt nordöstlich von Kufstein nahe der Grenze zu Deutschland. Die Loipen verteilen sich um den See und im Gebiet der Schwemm, einer Moorlandschaft nördlich des Ortes.
Gesamtlänge: 60 km
Schwierigkeit: Leicht bis schwer
Kategorie: Klassisch und Skating
Anfahrt: *Auto:* Über die A 8 München – Salzburg bis zum Inntaldreieck, dann weiter auf der A 93 nach Süden bis zur Ausfahrt Oberaudorf. Dort fährt man über den Inn über Niederndorf und Durchholzen direkt bis zum Walchsee.
Start: Beim Langlaufzentrum am Ramsbachstüberl am Nordrand von Walchsee (5 Minuten vom Zentrum). Dort gibt es auch eine Wachsstube sowie Dusche und WC.
Skiverleih: Josef Mayr, Durchholzen 45, A-6344 Walchsee, Tel.: 0043/5374/52 85
Franz Waldhuber, Walchseer Hof, A-6344 Walchsee, Tel.: 0043/676/3 31 59 19
Einkehr/Übernachtung: Zahlreiche Hotels und Gasthöfe in Walchsee
Information: Tourismusverband Walchsee, Dorfplatz 10, A-6344 Walchsee, Tel.: 0043/5374/52 23, Internet: www.walchsee.at

Sanfte Höhenzüge im Norden, auf der Südseite die mächtigen Flanken des Zahmen Kaisers: Der Walchsee liegt eingebettet in einem Seitental des Inntals im Tiroler Unterland. Obwohl die Skigebiete in Durchholzen und Kössen keine großen Reviere wie am Wilden Kaiser oder im nahen Kitzbühel sind, hat sich der Walchsee wie überhaupt der Kaiserwinkl als Wintersportziel etabliert. Daran haben vor allem die erstklassigen Langlaufmöglichkeiten einen großen Anteil. Abgesehen davon, dass die Orte ohne Vignette erreichbar sind, gibt es ein vielseitiges Angebot in der Hotellerie und Gastronomie. Außerdem eignet sich das Gebiet auch für Winterwanderungen. Von der Lippenalm am Zahmen Kaiser gibt es eine Naturrodelbahn, die man bequem mit dem Sessellift erreichen kann. Und ein Höhepunkt der Wintersaison ist der alljährliche Tiroler Skimarathon, neben dem Koasalauf in St. Johann und Kössen die populärste Langlaufveranstaltung in der Region.

See-Loipe Am Seeufer entlang geleitet diese leichte, 6 Kilometer lange Loipe. Vom Langlaufzentrum am Ramsbachstüberl geht es Richtung Walchsee unter der Bundesstraße durch bis zum Strandcafé. Am Seeufer entlang nach Osten am Hotel Bellevue vorbei, fährt man rund um den See zum Langlaufzentrum zurück.

Loipe Miesberg Eine sehr abwechslungsreiche, teilweise auch schwere, 15 Kilometer lange Loipe, die vom Ramsbachstüberl in Richtung Schwemm über das ansteigende Gelände des Golfplatzes verläuft und den Miesberg umrundet. In Durchholzen geht es dann zurück in Richtung Walchsee über Oed, an den Tennishallen vorbei, schließlich zur Unterführung der Bundesstraße und dort zurück zum Ramsbachstüberl.

Loipe Schwaigs Diese 10 Kilometer lange, mittelschwere Loipe beginnt beim Ramsbachstüberl wie die Miesberg-Loipe in Richtung Schwemm, verläuft dann bei der Loipengabelung zurück zum Langlaufzentrum.

Loipe Winkl Eine weitere, allerdings leichte Variante. Man fängt wieder beim Ramsbachstüberl an, wie bei den anderen beiden Loipen, bis Winkl. Jedoch läuft man dann bei der dritten Wegüberquerung geradeaus weiter und auf der Spur der Dorfloipe zum Langlaufzentrum zurück. Gesamtlänge: 6 Kilometer.

Im hügeligen Gelände warten viele Anstiege und Abfahrten.

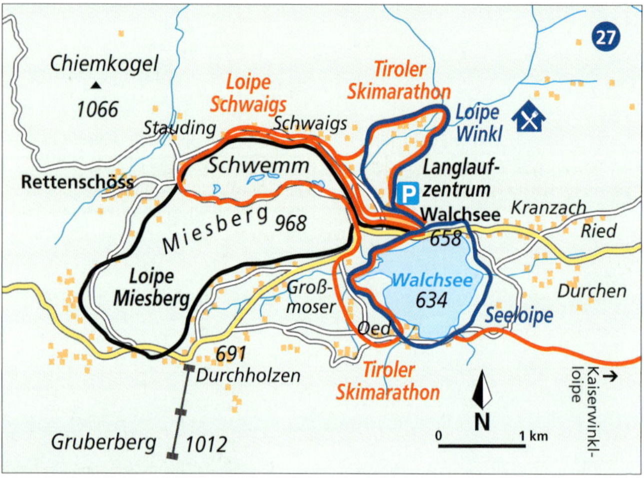

Neben der klassischen Loipe verläuft oft eine Skatingspur.

Tiroler Skimarathon Diese 20 Kilometer lange Loipe ist Schauplatz des bekannten Langlaufwettbewerbs im Januar. Ob die gesamte Loipe gespurt ist, darüber sollte man sich vorab beim Tourismusverband informieren. Vom Langlaufzentrum führt die Loipe zunächst nach Norden bis Winkl, geht dann nach Westen über Schwaigs und dreht eine Runde in der Schwemm, dem Hochmoorgebiet, zum Golfplatzgelände und verläuft dann zurück nach Süden über Oed und Hochberg zum Seeufer. Am See entlang läuft man zurück nach Walchsee. Eine Tour, die nicht nur Kondition, sondern auch Technik erfordert, denn es sind nicht nur leichte und mittelschwere Passagen enthalten, sondern auch etliche schwere Anstiege und Abfahrten.

Kössen

28

Stattliches Loipennetz mit Gütesiegel

Lage: Kössen liegt nördlich von Kitzbühel und St. Johann in Tirol an der deutsch-österreichischen Grenze. Die Loipen verteilen sich auf die Ebene rund um Kössen, Schwendt und Walchsee.
Gesamtlänge: 100 km
Schwierigkeit: Leicht bis schwer
Kategorie: Klassisch und Skating
Anfahrt: *Auto:* Zunächst fährt man auf der A 8 München – Salzburg bis zum Inntaldreieck, dann weiter auf der Inntalautobahn A 93 bis zur Ausfahrt Oberaudorf. Hier geht es nach Osten über den Inn und über Niederndorf und Walchsee bis nach Kössen. Für die Anreise ist keine Vignette erforderlich.
Start: Das Nordic Center in Kössen befindet sich etwas außerhalb des Ortes in der Erlaustrasse nahe der Hauptstraße in Richtung Schleching. Im Nordic Center gibt es Parkplätze, einen Skiverleih, Wachsservice, Dusch- und Umkleidemöglichkeiten sowie ein Restaurant.
Skiverleih: Sport Mühlberger, Alleestr. 31, A-6345 Kössen, Tel.: 0043/5375/62 56; Nordic Center Weingartner, A-6345Kössen, Erlaustr. 4, Tel.: 0043/5375/63 62; Intersportrent Planer, A-6345 Kössen, Thurnbichl 47, Tel.: 0043/5375/27 96
Einkehr/Übernachtung: Zahlreiche Gasthöfe und Hotels in Kössen und Schwendt
Information: Tourismusverband Kössen-Schwendt, Dorf 15, A-6345 Kössen, Tel.: 0043/5375/62 87, Internet: www.koessen.at

km 100 km

leicht bis schwer

»Kaiserwinkl« nennt sich die Ferienregion rund um die Orte Kössen und Schwendt. Und das hat weniger mit dem Hochadel als mit den mächtigen Gebirgszügen des Wilden und Zahmen Kaisers zu tun, die praktisch vor der Haustür liegen. Nach Norden sind es nur wenige Kilometer bis zur bayerischen Grenze und bis Schleching. Dass es zwischen den beiden Nachbarorten Kössen und Schleching neben der kurvenreichen Straße auch noch einen alten Schmugglerweg gibt, weist darauf hin, dass es hier früher einen schwunghaften, inoffiziellen Handel gegeben haben muss. Heute leben die Kössener natürlich nicht von solchen Einnahmequellen, sondern vom Tourismus. Und das bedeutet im Winter einmal den Alpinskilauf im Skigebiet am Unterberg, das in den letzten Jahren umfassend modernisiert worden ist. Man versteht sich in Kössen und Schwendt als familienfreundlicher Urlaubsort mit entsprechend günstigen Preisen im Vergleich zur Kon-

Tipp

Koasalauf-Loipe Legendär ist der Koasalauf, der jedes Jahr im Januar stattfindet und zu den größten und populärsten Volksrennen zählt. Gestartet wird in St. Johann, und Kössen ist mit seinen Loipen ein wichtiger Bestandteil.
In diesem Bereich verläuft der Koasalauf auf bestehenden Loipen. Allerdings gibt es unter anderem bei Erpfendorf einige Passagen, die extra für das Rennen zeitlich begrenzt präpariert werden. Wer also im Januar auf den Spuren der Profis und ehrgeizigen Amateure laufen will, kann das auf der gesamten originalen Strecke tun.

28

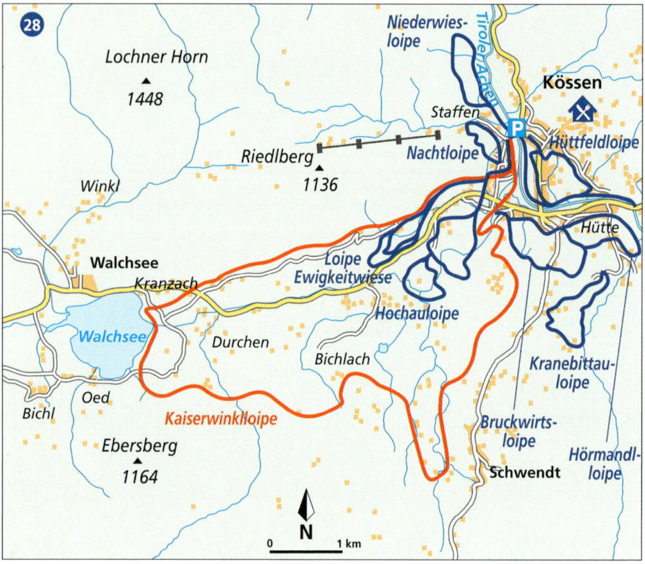

kurrenz in den großen Wintersportgebieten um Kitzbühel und im Gebiet Wilder Kaiser – Brixental.

Besonders reizvoll für Naturliebhaber und Ruhesuchende ist das kleine Dorf Schwendt, das in einem Hochtal zwischen Kössen und St. Johann liegt. Unbestritten hat Kössen einen exzellenten Ruf in Langläuferkreisen. Dafür bürgt auch das Tiroler Loipen-Gütesiegel, mit dem Kössen neben etlichen anderen prominenten Orten ausgezeichnet wurde. Allein um Kössen und Schwendt bieten sich gut 100 Kilometer Loipen an. Rechnet man dann noch die 70 Kilometer Loipen im Gebiet des Walchsees, die mit Kössen verbunden sind, dann kommt man auf ein überaus stattliches Netz von 170 Kilometern. Mehr als genug für einen ausführlichen Langlaufurlaub. Abgesehen davon haben bei entsprechender Schneelage die Loipen im Kaiserbachtal bis Griesenau südlich von Schwendt noch einen Anschluss bis nach St. Johann.

Wenn es mal nicht die Loipe sein soll, dann kann man im Ortsteil Schlecht bei Schwendt eine Rodelpartie machen. Leihrodel gibt es beim Gasthof Mairwirt. Außerdem werden Pferdeschlittenfahrten angeboten. Und Freunde des Eisstockschießens werden im Wintercampingplatz Euro Camp, beim Gasthof Lucknerhof sowie beim Gasthof Staffnerhof fündig. Letzterer offeriert auch Snowtubing, Rutschpartien auf Reifen. Hallenbad und Fitnesscenter findet man im Hotel Sonneck in Kössen.

Kaiserwinkl-Loipe Eindeutig die Vorzeigeloipe in und um Kössen. Eine 20 Kilometer lange Rundtour mit leichten, aber auch schweren Passagen. Man läuft vom Nordic Center in Kössen aus nach Westen bis zum Ufer des Walchsees, dann biegt man links ab entlang des Seeufers in Richtung Süden. Weitgehend über freies Gelände führt die Loipe recht abwechslungsreich hinauf bis nach Schwendt. Kurz vor Schwendt dreht sie nach links und steigt wieder hinunter ins Tal in Richtung Kössen. Bei Schwendt hat man Anschluss zu den Loipen ins Kaiserbachtal bis Griesenau und weiter bis St. Johann.

Hochau-Loipe Ebenfalls vom Nordic Center aus kann man diese Loipe benutzen. Sie ist leicht bis mittelschwer und je nach Variante 6 oder 10 Kilometer lang. Zunächst ist sie mit der Kaiserwinkl-Loipe identisch. Nach dem Fußballplatz führt sie unter der Bun-

Schneesichere Loipe im Kaiserbachtal

28

desstraße hindurch und dann in südwestlicher Richtung weiter. Dort macht sie eine weite Schleife auf dem freien Gelände und kehrt nach Kössen zurück. Die längere Variante zieht noch einen weiten Bogen durch das angrenzende waldreiche Terrain.

Ewigkeitswiese Die überwiegend leichte Loipe – zwischendurch gibt es einige mittelschwere Passagen – ist der Hochau-Loipe sehr ähnlich. Man startet im Nordic Center, läuft dann wie bei der Hochau-Loipe nach Süden bis zum Fußballplatz. Dort geht es nach rechts weiter, nach einem kurzen Anstieg am Hotel Alpina vorbei und in einen weiten Bogen auf dem freien Gelände. Auch hier gibt es wieder eine kurze und eine längere Schleife zur Auswahl. Zurück zum Nordic Center wie auf dem Hinweg.

Niederwies-Loipe Kurz und einfach ist diese 3 Kilometer lange Runde direkt neben dem Nordic Center. Vom Center läuft man nach Norden bis zu einer offenen Wiese, wo sich dann eine weite Schleife auftut. Hier auf dem Boden des Niederwiesbauern, daher der Name der Loipe, dreht man seine Runde oder auch Runden und läuft dann zurück zum Nordic Center.

Hüttfeld-Loipe Eine 3 Kilometer lange, sehr leichte Rundtour auf dem Gelände rund um die Pferderennbahn außerhalb von Kössen. Start ist entweder bei der Grenzlandhalle in Kössen und dann ein Stück raus aus dem Ort oder im Nordic Center. Dort gibt es eine Verbindungsloipe bis zur Hüttfeld-Loipe.

Bruckwirtsloipe Eine leichte, gut 3 Kilometer lange Rundloipe, die direkt neben der Bundesstraße verläuft. Man startet beim ehema-

Von Schwendt aus ins schöne Kaiserbachtal

Prominente Kulisse: Das Kaisergebirge

ligen Gasthof Bruckwirt beim Kreisverkehr an der Bundesstraße und läuft über das freie Gelände, das teils direkt an die Straße in Richtung Schwendt anschließt.

Hörmandlloipe Die 3 Kilometer lange und leicht zu laufende Rundloipe ist sozusagen die Nachbarloipe der Bruckwirts-Loipe. Sie wird auf der anderen Seite der Straße nach Schwendt zu Füßen des Unterbergs gespurt, direkt angrenzend an den Wintercampingplatz Euro Camping Wilder Kaiser. Es gibt zwar keinen zentralen Startplatz wie im Nordic Center, aber die meisten Langläufer kommen wohl vom Euro Camping. Außerdem kann man sie bequem mit der Bruckwirts-Loipe kombinieren. Allerdings muss man dabei die Straße nach Schwendt queren und sollte das mit der entsprechenden Vorsicht tun.

Kranebittauloipe Etwas oberhalb des Euro Camping Wilder Kaiser verläuft diese 3 Kilometer lange, leichte Rundloipe. Man läuft zunächst nach Süden bis zum Gasthof Lucknerhof, dann über die Kranebittau, von der man einen schönen Ausblick auf die Umgebung von Kössen und das Kaisergebirge hat, und zurück zum Euro Camping.

Nachtloipe Direkt beim Nordic Center beginnt der überschaubare, 2 Kilometer lange Rundkurs. Jeweils von Mittwoch bis Freitag wird die Loipe abends beleuchtet.

29 Reit im Winkl

Beliebtes Schneeloch für Langläufer

km 90 km

leicht bis schwer

Lage: Reit im Winkl erstreckt sich in einem weiten Talkessel in den Chiemgauer Bergen, direkt an der Grenze zu Tirol. Das umfangreiche Loipennetz verteilt sich auf den Talkessel und bietet auch Höhenloipen auf der Winklmoosalm und bei der Hindenburghütte.
Gesamtlänge: 90 km
Schwierigkeit: Leicht bis schwer
Kategorie: Klassisch und Skating
Anfahrt: *Auto:* Von der Ausfahrt Bernau/Prien der Autobahn München – Salzburg geht es auf der Bundesstraße B 305 nach Süden über Grassau, Marquartstein und Unterwössen bis nach Reit im Winkl.
ÖV: Bahnfahrer nehmen den Zug bis Prien am Chiemsee. Vom Bahnhof in Prien verkehren stündlich Busse nach Reit im Winkl.
Start: Der beste Startplatz ist am Langlaufstadion neben dem Festsaal an der Straße nach Kössen. Einstiegsmöglichkeiten gibt es auch beim Pavillon der Touristinfo an der Hauptstraße. Die Höhenloipen bei der Hindenburghütte erreicht man mit dem Kleinbus über Blindau. Zur Höhenloipe auf der Winklmoosalm kommt man mit dem Bus vom Seegatterl aus.
Skiverleih: Hausberg Ski- und Snowboardschule, Dorfstr. 36, 83242 Reit im Winkl, Tel.: 08640/79 87 87, Internet: www.hausberg-skischule.de
Intersportrent, Dorfstr. 27, 83242 Reit im Winkl, Tel.: 08640/79 72 90, Internet: www.skihuette.net
Sport Mühlberger, Chiemseestr. 15, 83242 Reit im Winkl, Tel.: 08640/98 50 13, Internet: www.sportmuehlberger.de
Einkehr/Übernachtung: Großes Angebot an Gasthöfen und Hotels in Reit im Winkl
Information: Tourist-Information Reit im Winkl, Rathausplatz 1, 83242 Reit im Winkl, Tel.: 08640/8 00 20, Internet: www.reit-im-winkl.de

Familienfreundliche Loipen in Reit im Winkl

Dass Reit im Winkl zu den beliebtesten Urlaubsorten in Oberbayern zählt, liegt wohl nicht nur an der idyllischen Lage, die übrigens auch schon Mitte des 19. Jahrhunderts König Max von Bayern begeisterte. Wintersportler freuen sich, dass Reit im Winkl ein echtes Schneeloch ist, was vor allem für Langläufer ein überzeugendes Argument ist. Zudem lebt die Popularität des Ortes auch davon, dass man mit den unterschiedlichsten Berühmtheiten werben kann. Schließlich ist Reit im Winkl nicht nur die Heimat von Rosi Mittermaier, die von der Winklmoosalm stammt, sondern ebenso von den beiden Volksmusikheroinnen

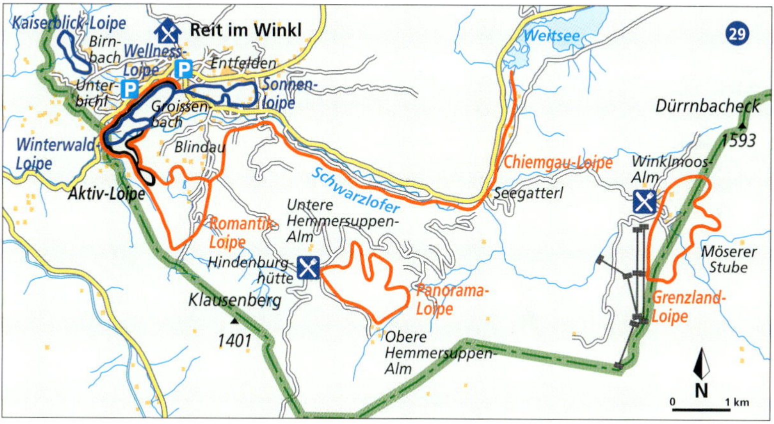

Maria und Margit Hellwig, in deren Lokal Kuhstall es sogar ein japanischer Jodelspezialist zu Ruhm und Ehre brachte. Und nicht zu vergessen die Langläuferin Evi Sachenbacher.

Ob man sich für volkstümliche Musik interessiert, spielt keine große Rolle. Wichtig ist, dass Reit im Winkl in Sachen Wintersport viel zu bieten hat. Da ist vor allem das Skigebiet auf der Winklmoosalm, das man in Richtung Ruhpolding vom Seegatterl aus mit dem Bus erreichen kann. Wer sich für den Skilauf vergangener Tage interessiert, dem sei ein Besuch des Skimuseums im Schulhaus empfohlen. Es gibt zudem Rodelbahnen, vor allem die Abfahrt von der Hemmersuppenalm und der Hindenburghütte, zahlreiche Winterwanderwege und für den gemütlichen Urlaub auch Eislauf, Pferdeschlittenfahrten oder Schneeschuhwanderungen. Und ein Hallenbad mit Sauna, Solarium und Massageabteilung, das den etwas eigenartigen Namen »Schwimmstadl« trägt. Natürlich kann man hier auch die Trendsportart Nordic Walking testen. Aber vor allem gibt es im Ort auffallend viele Langläufer. Und das ist angesichts der 90 Loipenkilometer und der üblicherweise guten Schneeverhältnisse kein Wunder. Erste Adresse für die Langläufer ist das Langlaufstadion an der Straße nach Kössen. Hier erschließen sich die Loipen im Tal und hier kann man auch relativ problemlos parken, was man vom Ortszentrum nicht behaupten kann.

Wellness-Loipe Ein neues Angebot, ideal für Anfänger. Die ausgesprochen leichte Loipe beginnt am Langlaufstadion und führt auf

29

2 Kilometer nach Südwesten und dann wieder zurück. Unterwegs gibt es 11 Stationen, an denen Übungen zur Technikschulung und Informationen zur Fitness angeboten werden.

Sonnenloipe Ebenfalls eine sehr leichte Loipe für Anfänger, die auf 3 Kilometer Länge vom Langlaufstadion nach Südosten führt, die Weitseestraße kreuzt, dann vorbei am Info-Pavillon neben der Straße über ein offenes Gelände bis zum Ortsteil Entfelden und zurück in Richtung Langlaufstadion führt.

Winterwald-Loipe Auch eine leichte Loipe, die aber mit dezenten Höhenunterschieden ein wenig anspruchsvoller ist. Und mit 4 Kilometer auch etwas länger. Vom Langlaufstadion zieht sich die Loipe am Märchenwald vorbei durch die Loferauen bis zum Grenzsteg und von dort über den Krautloidersteg zurück in Richtung Langlaufstadion.

Aktiv-Loipe Ganz in der Nähe und teils identisch mit der Winterwald-Loipe verläuft diese, allerdings sehr anspruchsvolle, 5 Kilometer lange Spur. Bis zum Grenzsteg läuft man auf demselben Weg, dann geht es steil bergauf nach Mühlau, schließlich durch den Wald und weiter auf einer langen Abfahrt. Danach folgt ein Anstieg zum Parkplatz Benzeck-Lifte und später eine Abfahrt zum Krautloidersteg, wo man wieder auf die Winterwald-Loipe trifft und gemütlich bis zum Langlaufstadion gleiten kann.

Romantik-Loipe Eine 10 Kilometer lange, mittelschwere Tour, die im Langlaufstadion startet und zunächst wie die Winterwald- und Aktiv-Loipe verläuft. Kurz vor dem Krautloidersteg geht es dann nach Süden bis zum Talende, dort weiter nach Osten und nach einem Anstieg bis zu den Benzeck-Liften. Danach läuft man wie auf der Aktiv-Loipe wieder hinunter zum Krautloidersteg und zurück ins Stadion.

Chiemgau-Loipe Für die 30 Kilometer lange, mittelschwere Loipe sollte man schon einigermaßen trainiert sein. Schließlich sind unterwegs einige Anstiege und Abfahrten zu meistern. Anfangs läuft man wie auf der Romantik-Loipe bis zum Großen Steinbach im südöstlichen Talwinkel, dann geht es vorbei am Steinbacher Hof, später durch den Wald nach Osten und praktisch parallel zur Alpenstraße bis zum Seegatterl. Von dort macht die Loipe noch einen Abstecher zum Weitsee und führt dann über das Seegatterl zurück nach Reit im Winkl. In Lieberting hat man Anschlussmög-

29

lichkeiten zur Romantik-Loipe oder zur leichteren Winterwald-Loipe.

Grenzland-Loipe Die Höhenloipe auf der Winklmoosalm ist zwar umständlich zu erreichen (mit dem Bus vom Seegatterl), dafür aber landschaftlich sehr reizvoll. Von der Bushaltestelle läuft man auf der Verbindungsloipe vorbei an den Gasthäusern bis zu den letzten Almhütten. Dort beginnt die Rundtour, die mittelschwer und gut 5 Kilometer lang ist. Zunächst führt sie über freies Gelände, dann durch den Wald und am Waldrand entlang, bis man wieder zur Winklmoosalm zurückkommt. Bei der Gabelung zu den Möserstuben kann man noch einen 3,5 Kilometer langen Abstecher über die Moosgrubenstube nach Moarlack machen.

Panorama-Loipe Die Kleinbusse, die mit Schneeketten ausgestattet sind und Urlauber hinauf zur Hemmersuppenalm und zur Hindenburghütte fahren, gehören zum Ortsbild von Reit im Winkl. Oben auf der Alm ist es nicht nur schön einzukehren und zu wandern. Es gibt auch eine, wie der Name schon andeutet, landschaftlich besonders beeindruckende Loipe. Oder, besser gesagt, mehrere Varianten für sportliche und weniger sportliche Ambitionen. Alternativ zum Kleinbus gibt es auch vom Seegatterl aus eine Aufstiegsmöglichkeit über die Nattersbergalm. Von der Nattersbergalm führt eine Aufstiegsloipe bis zur Hindenburghütte. Dort läuft man dann ein Stück bergauf nach Süden und erreicht nach 2 Kilometern die Abzweigung zum Straubinger Haus. Die gesamte Schleife auf der Almfläche enthält etliche Anstiege und Abfahrten. Wem das zu anstrengend ist, der kann auf eine leichte, 5 Kilometer lange Runde oder auf die 2,5 Kilometer lange Übungsloipe auf der Almfläche ausweichen.

Idylle im Chiemgau: Reit im Winkl

Kaiserblick-Loipe Etwas außerhalb von Reit im Winkl in Richtung Kössen befindet sich diese 3 Kilometer lange Loipe auf dem Gelände des Golfplatzes beim Hotel Peternhof. Einstiegsmöglichkeiten gibt es in den Ortsteilen Birnbach und Oberbichl oder direkt beim Hotel Peternhof. Geleitet wird man über die Hochfläche mit herrlichem Panoramablick und einigen relativ einfachen Anstiegen und Abfahrten.

30 Schleching

Rundkurse um ein Ökomodell

km 40 km

leicht bis mittel

Lage: Schleching liegt im Tal der Tiroler Ache im südlichen Chiemgau nahe der Landesgrenze. Die Loipen verteilen sich auf die weite und überwiegend ebene Fläche des Tals.
Gesamtlänge: 40 km
Schwierigkeit: Leicht bis mittel
Kategorie: Klassisch und Skating
Anfahrt: *Auto:* Man fährt auf der A 8 München – Salzburg bis zur Ausfahrt Bernau und dort weiter nach Süden über Grassau in Richtung Reit im Winkl. Am Ortsende von Marquartstein biegt man rechts ab und kommt auf der gut ausgebauten und kurvenreichen Straße durch das Tal der Tiroler Ache direkt nach Schleching.
ÖV: Mit der Bahn reist man bis zum Bahnhof Übersee. Von dort verkehren die Busse des RVO nach Schleching.
Start: Die Loipen rund um Schleching sind leicht zugänglich. Das Ortszentrum von Schleching ist deshalb der sinnvollste Ausgangspunkt. Der beste Startplatz ist beim Sportgelände am Ortsrand von Schleching.
Skiverleih: Sport Bauer, Hauptstr. 15, 83259 Schleching, Tel.: 08649/326, Internet: www.sport-bauer.de
Sport Lukas, Hauptstr. 3, 83259 Schleching, Tel.: 08649/243, Internet: www.sportlukas.de
Einkehr/Übernachtung: Zahlreiche Gasthöfe und Hotels in Schleching
Information: Touristik-Information, Schulstr. 4, 83259 Schleching, Tel.: 08649/220, Internet: www.schleching.de

Schleching ist ein Ort mit Geschichte und Tradition. Wo im Mittelalter bereits der Handel auf alten Saumwegen praktiziert wurde, erlebt der Besucher heute einen idyllischen Urlaubsort in den Chiemgauer Bergen und dem weiten Tal der Tiroler Ache. Die Einheimischen wissen diese Qualitäten ganz offensichtlich zu schätzen. Das Ökomodell Schlechinger Ache, das die Wahrung der Natur- und Kulturlandschaft zur Aufgabe hat, wurde bereits mit etlichen Umweltpreisen honoriert. Dem Gast kann das nur recht sein. Er findet eine attraktive und ursprüngliche Landschaft mit gemütlichen Gastbetrieben, die geradezu ideal für Erholung und Sport ist.

Das Achental ist ideal zum Skiwandern

Unterhalb der mächtigen Streichenkirche, einer über 800 Jahre alten Wallfahrtskirche mit Malereien von Johann Baptist Zimmermann und einem sehenswerten alten Wirtshaus nebenan, eröffnen sich vielfältige Freizeitmöglichkeiten. Skiabfahrten am Geigelstein, der auch bei Tourengehern sehr beliebt ist, Pferdekutschen-

30

fahrten, Rodelpartien und natürlich einige Langlaufkilometer. Nicht umsonst stammen aus Schleching erfolgreiche Sportler wie die Skirennläuferin Traudl Hächer und etliche Biathleten.
Die Loipen verteilen sich rund um Schleching und haben, entsprechende Schneelage vorausgesetzt, auch eine Verbindung nach Marquartstein.
Talloipe Die längste Loipe in Schleching mit 15 Kilometer klassischer und 12 Kilometer Skatingspur. Im Prinzip umrundet sie den Ort, dabei orientiert sie sich an der Tiroler Achen und am Rand der überwiegend flachen Wiesen. Insgesamt eine mittelschwere Tour. Von Schleching geht es nach Süden in zwei weiten Bögen bis

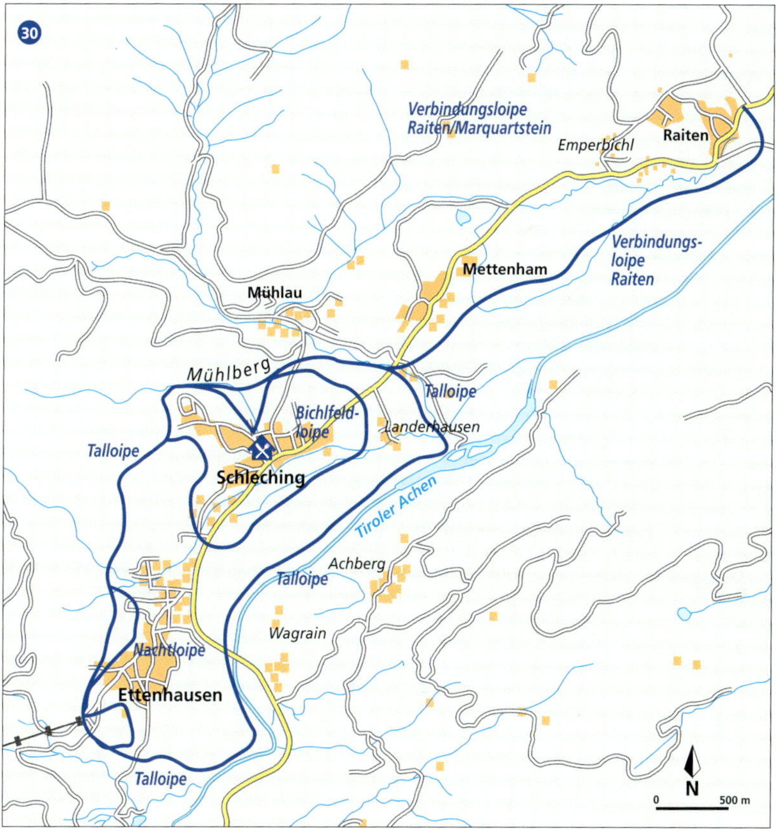

Winterstimmung in Schleching

Ettenhausen. Dort verläuft die Loipe durch ein Waldstück, umrundet Ettenhausen und führt dann vorbei am Geigelstein-Lift bis zur Hauptstraße und nimmt auf der anderen Straßenseite Kurs auf die Tiroler Ache. Am Ufer entlang geht es dann nach Norden, bis etwa auf der Höhe von Mühlau die Loipe nach Westen abbiegt, die Straße kreuzt und nach Schleching zurückkommt.

Bichlfeld-Loipe Rund um Schleching verläuft dieser 4 Kilometer lange, leichte Rundkurs mit klassischer und Skatingspur. Einstiegsmöglichkeiten und ausreichend Parkplätze gibt es in Schleching beim Schulhaus.

Nachtloipe Der 3 Kilometer lange Rundkurs am westlichen Ortsrand von Ettenhausen schlängelt sich auf dem offenen Gelände zwischen dem Dorf und dem Waldrand und wird während der Wintersaison am Mittwoch- und Freitagabend ab 18 Uhr beleuchtet. Ein leichter Kurs mit klassischer und Skatingspur ohne nennenswerte Höhenunterschiede.

Verbindungsloipe Raiten–Marquartstein Diese 3 Kilometer lange Loipe verbindet die Talloipe mit den Langlaufstrecken rund um Marquartstein. Nördlich von Schleching zweigt die leichte, nur klassisch gespurte Loipe nach Norden ab und verläuft mehr oder weniger geradeaus bis nach Raiten, wo man dann zu den Marquartsteiner Loipen kommt.

Marquartstein

31

Von flach bis anspruchsvoll

km 8,5 km

leicht

Lage: Südlich des Chiemsees im Tal der Tiroler Ache zwischen Hochgern und Hochplatte. Die Loipe befindet sich südwestlich des Ortes am Eingang zum Schlechinger Tal.
Gesamtlänge: 8,5 km
Schwierigkeit: Leicht
Kategorie: Klassisch
Anfahrt: *Auto:* Marquartstein erreicht man über die A 8 München – Salzburg. Von der Ausfahrt Bernau/Prien nimmt man die B 305 über Bernau und Rottau bis Grassau. Am Kreisverkehr im Zentrum fährt man dann geradeaus weiter bis nach Marquartstein.
ÖV: Mit der Bahn geht es zunächst zum Bahnhof Übersee. Von dort kommt man mit der RVO-Buslinie nach Marquartstein (für Inhaber der Kurkarte gratis).
Start: Der Start ist am Parkplatz im Ortsteil Vogllug. Weitere Einstiegsmöglichkeiten gibt es bei der Chiemgau-Klinik und in Lanzing.
Skiverleih: Keiner
Einkehr/Übernachtung: Zahlreiche Gasthöfe und Hotels in Marquartstein
Information: Tourist-Information Marquartstein, Rathausplatz 1, 83250 Marquartstein, Tel.: 08641/69 95 58, Internet: www.marquartstein.de

Auf dem Weg hinein ins Tal der Tiroler Ache und in Richtung Reit im Winkl ist Marquartstein der erste Ort, der von Bergen umgeben ist. Umrahmt von Hochgern und Hochplatte liegt Marquartstein direkt an der Tiroler Ache, überragt von der mächtigen Burg Marquartstein, die im Besitz eines Münchner Antiquitätenhändlers und damit nicht öffentlich zugänglich ist. Der berühmteste Stammgast war der Komponist Richard Strauss, der 1894 in Marquartstein die Sängerin Pauline de Ahna ehelichte. Es hat also früher schon berühmte Besucher angezogen, die sich in dem beschaulichen Urlaubsort erholten. Beschaulich ist es auch heute noch.

Erholen kann man sich auch bei Wellnessangeboten und Gesundheitswochen in der Chiemgau-Klinik oder bei den überwiegend sanften Wintersportarten. Dazu zählen neuerdings auch Nordic-Walking-Touren wie klassisches Winterwandern oder Rodelpartien auf der 3,5 Kilometer langen Bahn hinunter von der Hochplatte (bergwärts geht es mit dem Lift). Im Ortsteil Geisenhausen kann man, sofern das Wetter entsprechend mitspielt, auf Natureis Schlittschuh laufen oder ganz traditionell bayerisch Eisstock schießen.

Damit die Gäste in Marquartstein nicht ganz ohne die üblichen Wintersportfreuden auskommen müssen, werden ein kostenloser

31

Skibus zum Skigebiet nach Kössen sowie Loipenkarten für Reit im Winkl und Kössen angeboten.

Loipe A Sehr flach und gemütlich ist diese 2,5 Kilometer lange und ausschließlich klassisch gespurte Loipe, die von Vogllug, einem südwestlich gelegenen Ortsteil von Marquartstein, zunächst nach links über die Weiler Dicking und Holzen in Richtung Chiemgau-Klinik verläuft. Wo man auf die Verbindungsloipe von der Chiemgau-Klinik trifft, geht es nach rechts weiter bis zum Mooshäusl und schließlich nach einem weiteren Rechtsbogen durch das Naturschutzgebiet Lanzinger Moos zurück nach Vogllug.

Loipe B Etwas länger mit 6 Kilometer und ein wenig anspruchsvoller mit leichten Anstiegen und Abfahrten ist diese mit Loipe A teilweise identische Loipe. Auch sie wird derzeit nur klassisch gespurt. Zunächst läuft man wie bei der Loipe A nach links bis zum Mooshäusl, dann geht es allerdings weiter hinein ins Schlechinger Tal über den Weiler Süssen bis nach Raiten. Kurz nach Raiten kommt man zur Verbindungsloipe nach Schleching. Die Loipe führt nun weiter ein Stück nach Norden bis Lanzing, durchquert dann das Naturschutzgebiet Lanzinger Moos, bis man nach Vogllug zurückkommt.

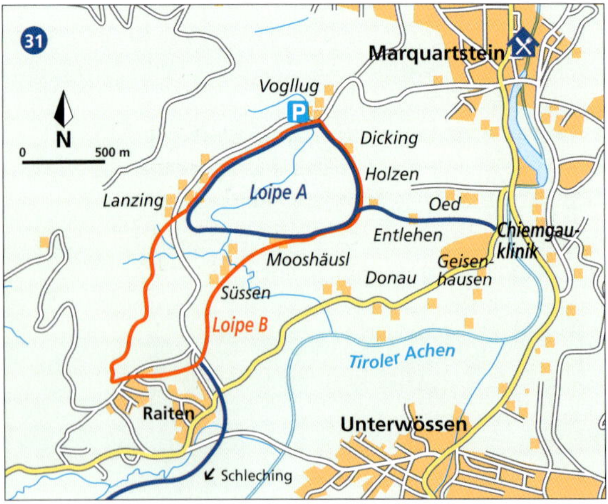

Eine Alternative wäre es zum Beispiel, auf der Verbindungsloipe bei Raiten bis nach Schleching zu laufen. Man erreicht die Schlechinger Loipen nach etwa 3 Kilometer auf dieser Verbindungsloipe. Und für den Rückweg kann man ja, falls es auf der Loipe zu mühsam wird, den Bus der RVO-Linie nach Marquartstein nehmen.

Unterwössen

32

Gemütlich laufen entlang der Tiroler Achen

km 27,5 km

leicht bis mittel

Lage: In den Chiemgauer Bergen auf halbem Weg von der A 8 nach Reit im Winkl. Zwei Rundloipen befinden sich westlich und südlich von Unterwössen am Ortsrand. Die Rundloipe von Oberwössen führt um das Dorf herum.
Gesamtlänge: 27,5 km
Schwierigkeit: Leicht bis mittel
Kategorie: Klassisch und Skating
Anfahrt: *Auto:* Nach Unterwössen und Oberwössen kommt man über die A 8 München – Salzburg bis zur Ausfahrt Prien/Bernau. Dort geht es dann nach Süden bis Grassau und weiter in Richtung Reit im Winkl über Marquartstein bis Unterwössen und den Nachbarort Oberwössen.
ÖV: Für die Anreise mit der Bahn ist der nächste Bahnhof Übersee am Chiemsee. Von dort verkehren Busse des RVO bis Unter- und Oberwössen.
Start: Für die Loipen in Unterwössen ist der Parkplatz beim Balsberg-Lift ideal. In Oberwössen befinden sich Start und Ziel beim Kinderspielplatz.
Skiverleih: Sport Färbinger, Hauptstr. 67, 83246 Unterwössen, Tel.: 08641/85 52
Einkehr/Übernachtung: Zahlreiche Gasthöfe in Ober- und Unterwössen
Information: Touristinfo Unterwössen, Rathausplatz 1, 83246 Unterwössen, Tel.: 08641/82 05, Internet: www.unterwoessen.de

Auch wenn Unterwössen mit seinem Nachbarort Oberwössen nicht zu den großen und bekannten Feriendestinationen im Chiemgau gehört, so haben die beiden Dörfer doch ihre Reize. Vor allem gerade dann, wenn man es lieber etwas beschaulich und gemütlich mag. Und gemütlich soll es ja in Bayern ohnehin

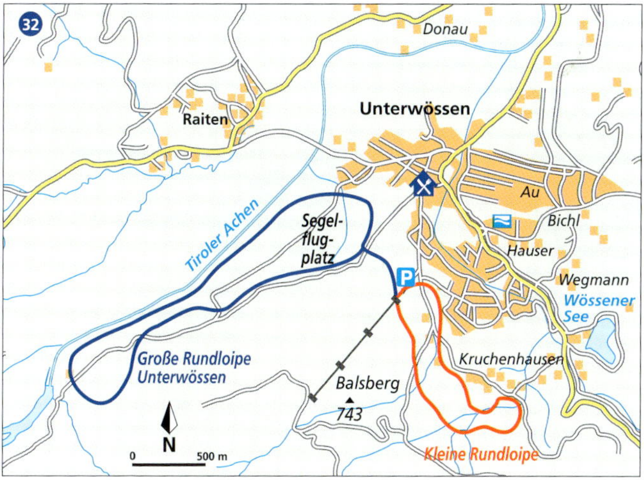

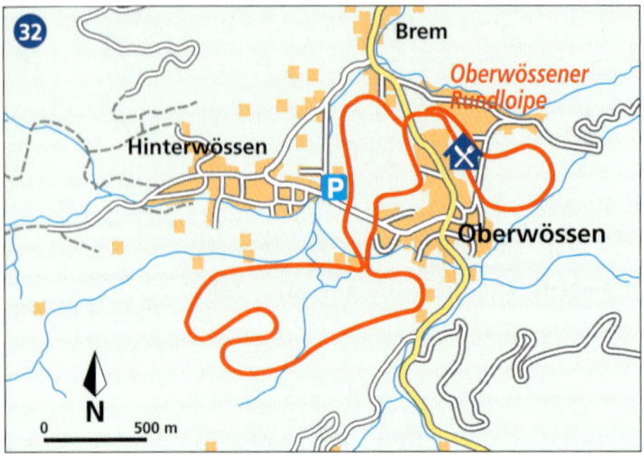

zugehen. Es gibt Berge, üblicherweise auch genügend Schnee, am Balsberg sogar einen Lift und einige abwechslungsreiche Skiabfahrten. Ganz in der Nähe der Lifte lockt auch eine Naturrodelbahn. Eine weitere findet man in Oberwössen von der Alpschlecht zum Hammerergraben. An Gemütlichkeit kaum mehr zu überbieten wäre dann eine Pferdekutschenfahrt. Vielleicht ein wohltuender Kontrast zur Loipe. Oder besser zu den Loipen, denn Langlaufen kann man sowohl in Unter- als auch in Oberwössen. Als Abschluss bietet sich ein Besuch des Hallenbads in Unterwössen an.

Große Rundloipe Unterwössen Eine leichte, gut 8 Kilometer lange Rundtour, die beim Parkplatz am Balsberg-Lift beginnt. Die Loipe ist klassisch gespurt; ein Teil, etwa die Hälfte, ist auch für Skater präpariert. Zunächst läuft man nach links zum Gelände des Segelflugplatzes entlang der Tiroler Ache bis zur Wende, wo es entgegengesetzt am Flussufer zurückgeht. Kurz vor dem Sportzentrum kehrt man dann rechts zurück zum Ausgangspunkt.

Man kann die Rundloipe auch mit der offiziell als Loipe 2 ausgewiesenen Strecke kombinieren. Diese 7 Kilometer lange und weitgehend ebene Loipe zweigt vor dem Sportzentrum links ab, kreuzt die Straße nach Schleching, macht dann rechts entlang der Tiroler Ache einen weiten Bogen und schließt am Ende kurz vor der Schlechinger Straße wieder den Kreis.

Kleine Rundloipe Etwas anspruchsvoller ist diese klassisch und für Skater gespurte Loipe, die ebenfalls beim Balsberg-Lift startet. Die Loipe macht eine lange Schleife zwischen Unterwössen und dem Ortsteil Kruchenhausen, verläuft entlang des Waldes und führt dann bei Kruchenhausen wieder zum Parkplatz zurück. Unterwegs muss man noch zweimal den Burgweg kreuzen, bis dann nach einer Linkskurve der Parkplatz erreicht wird. Auf der 4 Kilometer langen Strecke sind 60 Höhenmeter zu überwinden, die allerdings technisch nicht sehr anspruchsvoll sind.

32

Oberwössener Rundloipe Direkt angrenzend an Oberwössen verläuft diese mittelschwere Loipe und zieht dabei drei große Schleifen. Start ist am Parkplatz beim Kinderspielplatz in der Taubenseestraße. Dann führt sie nach Westen bis zum Glockenbichl-Lift, macht eine Kehre bis kurz vor den Ausgangspunkt und leitet nun rechts über ein freies Feld bis zur Bundesstraße. Dort geht es am Ortsrand entlang bis zu einigen Anstiegen und dann in einem weiten Linksbogen zurück über die Bundesstraße und zum Parkplatz in der Taubenseestraße.

Leichte Loipe rund um Unterwössen

33 Ruhpolding

Großes Loipenangebot und ein Biathlon-Zentrum

km 60 km

leicht bis schwer

Lage: Ruhpolding liegt südöstlich des Chiemsees in den Chiemgauer Bergen etwa 10 Autominuten von der Autobahn entfernt. Die Loipen verteilen sich um den Ort und führen auch entlang der Alpenstraße in Richtung Reit im Winkl.
Gesamtlänge: 60 km
Schwierigkeit: Leicht bis schwer
Kategorie: Klassisch und Skating
Anfahrt: *Auto:* Von der A 8 München – Salzburg fährt man bei der Ausfahrt Traunstein/Siegsdorf auf der B 306 etwa 8 km nach Süden bis Ruhpolding.
ÖV: Für Bahnfahrer gibt es eine Verbindung bis Traunstein. Von dort verkehren Nahverkehrszüge über Siegsdorf nach Ruhpolding.
Start: Zentraler Startpunkt für die Langlaufloipen in und um Ruhpolding ist an der Kreuzung der Hauptstraße mit der Brander Straße in der Nähe des Erlebnisbades Vita Alpina. Dort gibt es Parkplätze genauso wie einen Skiverleih. Man erkennt den Platz auch gleich an den übergroßen Ski, die aus dem Boden ragen.
Skiverleih: Der Langlaufladn, Am Biathlon-Zentrum, 83321 Ruhpolding, Tel.: 08663/99 51
Langlauf-Skatingschule, In der Langlaufhütte beim Langlaufstart, 83321 Ruhpolding, Tel.: 08663/80 08 82
Einkehr/Übernachtung: Zahlreiche Hotels und Gasthöfe in Ruhpolding
Information: Tourist-Infomation, Postfach 1460, 83321 Ruhpolding, Tel.: 08663/8 80 60, Internet: www.ruhpolding.de

Tipp

In der Langlaufhüttn am Biathlon-Zentrum wird auch die Möglichkeit angeboten, aktuelle Langlaufski zu testen. Die Loipe verläuft direkt bis zur Hütte. Tel.: 08663/99 51

Der weite offene Kessel des Miesenbacher Tals und die mächtigen Berge haben schon früh Gäste nach Ruhpolding gelockt. Darunter waren im 16. Jahrhundert auch die bayerischen Herzöge, die allerdings hauptsächlich der Jagd wegen ins Gebirge zogen. Das sollte sich später glücklicherweise ändern. Touristen entdeckten Ruhpolding speziell nach dem Bau der Bahnlinie von Traunstein nach Ruhpolding, 1895, und nach dem Krieg in den fünfziger Jahren, als die Bahn auf den Rauschberg gebaut wurde. So etablierte sich Ruhpolding als beliebter und lebendiger Urlaubsort, was es heute noch ist.
Mit dem Skilauf hat es etwas nachgelassen. Es gibt lediglich noch eine längere Abfahrt am Unternberg sowie mehrere kleinere Pisten in Ortsnähe. Umso besser ist dafür das Angebot für Langläufer mit rund 60 Kilometer Loipen und Anschlüssen bis Inzell und Reit im Winkl. Eine große Rolle spielt in Ruhpolding traditionell der Biathlon, mit Fritz Fischer und Ricco Groß als den lokalen Stars. Im Leistungszentrum kann man nicht nur Theoretisches über den Sport erfahren, sondern auch gleich beim Sportcamp Fritz

33

Fischer testen, ob einem die Langlauf- und Schießkombination liegt. Es gibt aber auch sanftere und gemütlichere Wintersportmöglichkeiten: Pferdeschlittenfahrten, Eislaufen in der Eissporthalle an der Brander Straße, eine Rodelpartie von der Raffneralm und dann natürlich das Vita Alpina, das große Erlebnisbad im Zentrum von Ruhpolding. In der Eishalle gibt es übrigens auch eine Kletterhalle mit 40 verschiedenen Routen und Schwierigkeitsgraden von 3 bis 10. Und nicht zu vergessen die zahlreichen Winterwanderwege rund um Ruhpolding.

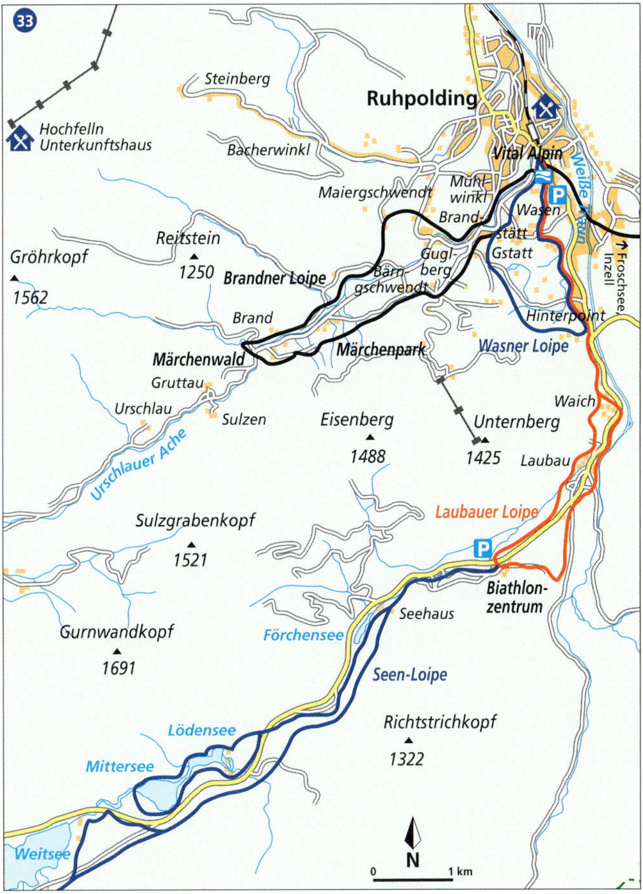

33

Wasner Loipe Am Langlaufstart beim Erlebnisbad Vital Alpin beginnt die leichte, 5 Kilometer lange Rundtour. Über das offene und flache Terrain führt sie vorbei an der Festhalle bis vor den Unternberg, macht dort eine Schleife und kehrt schließlich zum Ausgangspunkt zurück. Etwa bei der Wende im Ortsteil Hinterpoint kann man auf die etwas schwierigere Laubauer-Loipe wechseln.

Laubauer Loipe Auch diese mittelschwere, etwa 10 Kilometer lange Loipe beginnt am offiziellen Startpunkt und hat zunächst den identischen Verlauf wie die leichte Wasner-Loipe. Die eigentliche Laubauer-Loipe beginnt dann bei Hinterpoint und führt hinein ins enge, waldreiche Tal in Richtung Weitsee und Reit im Winkl. In Laubau wechselt man bei der Unterführung auf die andere Straßenseite und läuft nun durch den Wald bis zu einer kleinen Forsthütte und weiter zurück nach Laubau, wo man einen Stopp beim Holzknechtmuseum einlegen kann. Von Laubau verläuft die Spur parallel zur Straße, wechselt vor Waich wieder auf die andere Seite und vereint sich dann mit der Loipe des Hinwegs. Auf demselben Weg kommt man schließlich ins Zentrum von Ruhpolding zurück.

Seen-Loipe Eine besonders beliebte und landschaftlich reizvolle Loipe, die entlang der Deutschen Alpenstraße bis zum Lödensee, Mittersee und Weitsee führt und dort die Anschlussmöglichkeit bis Seegatterl und Reit im Winkl bietet. Startpunkt ist der Parkplatz am Biathlon-Zentrum an der Alpenstraße. Vom Parkplatz aus läuft man entlang der Straße durch das Naturschutzgebiet. Bei den Seen bieten sich dann verschiedene Rundstrecken an. Dort gibt es auch Skatingspuren. Und wer weiter bis Seegatterl oder Reit im Winkl laufen will, kann den Rückweg bequem mit dem Bus antreten.

Brander-Loipe Weit hinein in das westliche Brander-Tal reicht diese 10 Kilometer lange, schwere Loipe. Man startet wie gehabt beim Langlaufstartplatz im Zentrum, läuft etwa 1 Kilometer auf der Wasner Loipe und biegt dann nach Wasen rechts ab. Weiter geht es bis Stocking. Unterwegs ist eine Straße zu queren. Dann kommt eine Abfahrt bis Bärngschwendt, und schließlich läuft man am Märchenpark vorbei bis zum Gasthaus in Brand. Hier ist der Wendepunkt der Loipe. Auf der anderen Straßenseite läuft man entlang der Urschlauer Ache bis zum Marmorsteinbruch, dann weiter über Maiergschwendt und Brandstätt zurück zum Startplatz in Ruhpolding.

Siegsdorf

34

Wo einst die Mammuts liefen

Lage: Siegsdorf liegt direkt an der Autobahn München – Salzburg südlich von Traunstein. Die Loipen befinden sich südlich und östlich des Ortes.
Gesamtlänge: 29 km
Schwierigkeit: Leicht bis schwer
Kategorie: Klassisch und Skating
Anfahrt: *Auto:* Siegsdorf ist über die A 8 München – Salzburg leicht zu erreichen. Der Ort befindet sich direkt bei der Ausfahrt Traunstein/Siegsdorf südlich der Autobahn.
ÖV: Mit der Bahn fährt man bis Traunstein. Von dort gibt es eine Zugverbindung nach Siegsdorf und Ruhpolding.
Start: Die Startplätze befinden sich außerhalb von Siegsdorf an der Straße nach Bergen und Inzell sowie in Vogling an der Straße nach Teisendorf.
Skiverleih: Ski & Sport Treff, Kardinal-von-Faulhaber-Platz 4, 83313 Siegsdorf, Tel.: 08662/26 16
Skischulzentrum Ferienpark Vorauf, 83313 Siegsdorf, Tel.: 08662/40 96 20
Einkehr/Übernachtung: Zahlreiche Hotels und Gasthöfe in Siegsdorf
Information: Tourist-Information Siegsdorf, Rathausplatz 2, 83313 Siegsdorf, Tel.: 08662/49 87 45,
Internet: www.siegsdorf.de

km 29 km

leicht bis schwer

Der kleine Ort an der Autobahn südlich von Traunstein macht auf den ersten Blick nicht den Eindruck einer Urlaubsdestination, hat aber einiges zu bieten. Da ist das Naturkunde- und Mammutmuseum im Zentrum von Siegsdorf direkt am Ufer der Weißen Traun. 250 Millionen Jahre Erdgeschichte sind dort aufgezeichnet und mit vielen Beispielen, Funden und Dokumentationen belegt: Skelette von Sauriern, Mammuts und Höhlenlöwen. Und dann gibt es noch das Mammutheum, ein privates Museum zum selben Thema etwas außerhalb von Siegsdorf an der Straße nach Bergen.
Reizvoll ist ein Ausflug zur einsam gelegenen Klosterkirche Maria Eck mit gemütlichem Gasthaus oberhalb von Siegsdorf. Für Skifahrer gibt es bei Siegsdorf, in Hammer und im Ferienpark Vorauf Lifte und allerdings recht überschaubare Abfahrten. Für Langläufer werden rund um Siegsdorf knapp 30 Kilometer Loipen gespurt, die teilweise recht sportlich sind. Und wer Lust auf mehr hat, kommt nach Inzell oder Ruhpolding in wenigen Minuten.

Ferienpark Vorauf Man fährt auf der Straße in Richtung Teisendorf bis zu dem kleinen Dorf Vogling und parkt dort in der Nähe des Feuerwehrhauses. Zwischen Vogling und dem Ferienpark Vorauf zieht sich dieser 10 Kilometer lange, relativ schwere Rundkurs, der nur klassisch gespurt wird. Für Skater gibt es eine allerdings eine 1 Kilometer lange Runde.

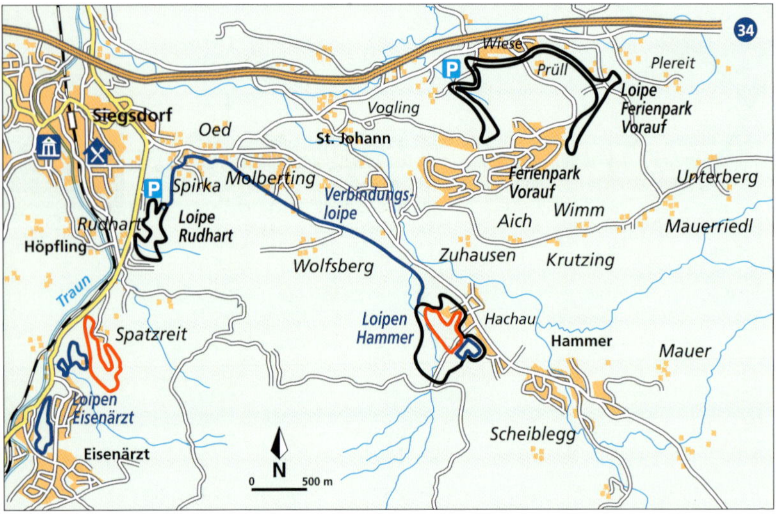

Rudhart Ein 3 Kilometer langer und anspruchsvoller Rundkurs an der Straße nach Ruhpolding. Man startet am Tennisplatz in Rudhart, einem Vorort von Siegsdorf, und läuft östlich der Straße nach Ruhpolding den Rundkurs in mehreren Schleifen. Von dieser Loipe besteht eine Verbindung nach Norden bis zur Alpenstraße und dann entlang der Straße bis nach Hammer und zu den dortigen Loipen.

Hammer Hammer ist ein kleiner Ort auf halbem Weg zwischen Siegsdorf und Inzell. Die drei Rundkurse am Nordrand von Hammer kann man auf der Verbindungsloipe von der Rudharter Loipe aus erreichen. Am besten startet man in Hachau, kurz vor Hammer. Dort bieten sich nun ein 1 Kilometer langer, leichter, ein 1,8 Kilometer langer, mittelschwerer sowie ein 3,5 Kilometer langer, schwerer Rundkurs an. Je nach Schneelage wird übrigens auch von Hammer aus eine Verbindungsloipe bis nach Inzell gespurt.

Eisenärzt Bei der kleinen Ortschaft Eisenärzt südlich von Siegsdorf in Richtung Ruhpolding gibt es ebenfalls einige Langlaufmöglichkeiten. Da sind einmal ein 1 Kilometer sowie ein 2,5 Kilometer langer Rundkurs, die am Sportplatz beginnen und leicht bis mittelschwer sind. Ein Stück weiter südlich am Bayernpark befindet sich noch ein leichter Rundkurs von 1,6 Kilometer Länge, der allerdings nur klassisch gespurt wird.

Inzell

Reizvolle Moosloipen

35

30 km

leicht bis mittel

Lage: Inzell in den Chiemgauer Alpen südlich von Traunstein ist nur 8 km von der Autobahnausfahrt Traunstein/Siegsdorf entfernt. Die Loipen befinden sich in dem weiten Talkessel rund um Inzell.
Gesamtlänge: 30 km
Schwierigkeit: Leicht bis mittel
Kategorie: Klassisch und Skating
Anfahrt: *Auto:* Von der Autobahnausfahrt Traunstein/Siegsdorf der A 8 München – Salzburg nach Süden auf der Alpenstraße. Beim Kreisverkehr bei Siegsdorf der Beschilderung nach Inzell folgen und über Hammer nach Inzell.
Start: Verschiedene Einstiege am Ortsrand von Inzell. Gute Parkmöglichkeiten beim Badepark in der Schwimmbadstraße und am Eisstadion.
Skiverleih: Skischule Inzell, Am Badepark, 83334 Inzell, Tel.: 08665/92 98 66, Internet: www.skischule-inzell.de
Einkehr/Übernachtung: Zahlreiche Hotels und Gasthöfe in Inzell
Information: Inzell Touristik GmbH, Rathausplatz 5, 83334 Inzell, Tel.: 08665/9 88 50, Internet: www.inzell.de

»Chiemgauer Ferien-Dreieck« nennen sich die drei Urlaubsorte Inzell, Reit im Winkl und Ruhpolding. Dass das Trio mit seinen berühmten und erfolgreichen Vorzeigesportlern, der Eisschnellläuferin Anni Friesinger aus Inzell, der Langläuferin Evi Sachenbacher aus Reit im Winkl und dem Ruhpoldinger Biathleten Ricco Groß wirbt – die nicht im Skifahrerlager, sondern im nordischen Bereich zuhause sind –, ist kein Zufall. Denn im Ferien-Dreieck dominieren Langlauf, Biathlon und Eisschnelllauf. Letzterer ist die Domäne der Inzeller. Die Weltelite trifft sich im Eisstadion am Südrand von Inzell neben der Alpenstraße. Nebenbei bemerkt ist Inzell auch eine etablierte Adresse unter den Eisspeedway-Fahrern. Man muss freilich kein Profi sein, um im Stadion die Kufen zu schwingen. Von Oktober bis März ist die Publikumsfläche für Eisläufer und Eisstockschützen geöffnet.

Tipp

Je nach Schneelage wird eine Loipe westlich der Bundesstraße in Richtung Traunstein gespurt, die in Richtung Hammer direkt neben der Straße verläuft und relativ einfach zu laufen ist. Diese Strecke ist jedoch nicht im offiziellen Loipenplan berücksichtigt.

Doch der Ort in dem weiten, offenen Talkessel auf knapp 700 Meter Höhe hat mehr zu bieten. Es gibt zwar keine großen Skiabfahrten, sondern nur zwei kurze Lifte auf der Kesselalm westlich von Inzell und einen kleinen Lift bei Pommern östlich von Inzell. Die nächstgelegenen größeren Skigebiete befinden sich in Ruhpolding oder auf der Winklmoosalm bei Reit im Winkl. In Inzell liebt man es eher gemütlich. Weitläufige Winterwanderwege gehören dazu, Pferdekutschenfahrten,

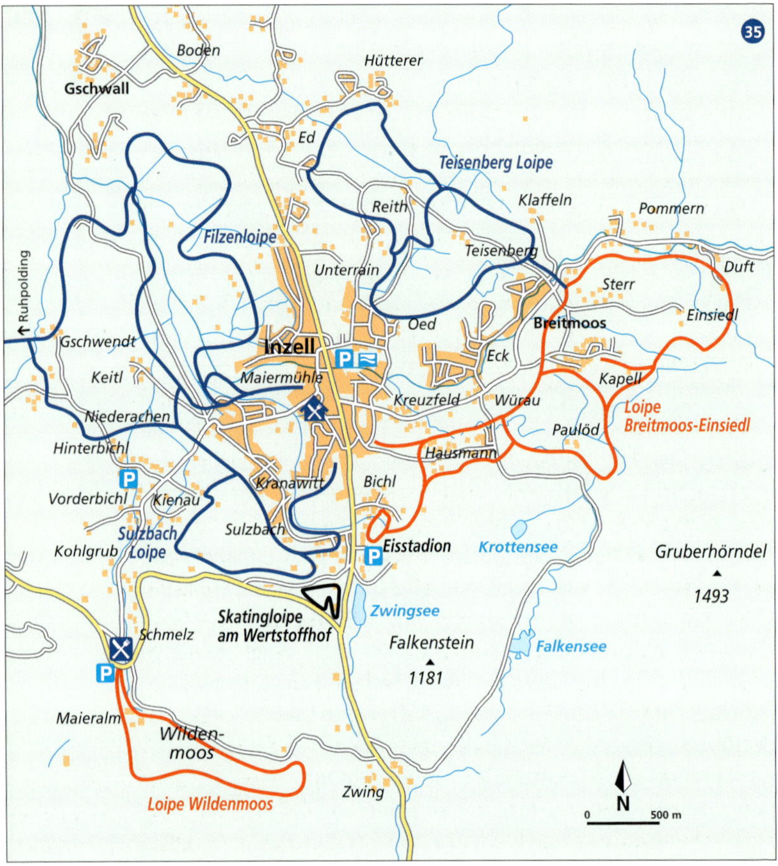

eine Naturrodelbahn in Adlgaß mit Flutlicht und Rodelverleih im Forsthaus Adlgaß und natürlich ein gut ausgebautes Netz an Langlaufloipen rund um den Ort. Der erste Eindruck dabei täuscht nicht: So flach und lieblich wie das Gelände rund um den Ort sind auch die Loipen. Meistens leicht bis allenfalls mittelschwer. Wer sich etwas sportlicher betätigen will, der sollte sich die Verbindung zu den Ruhpoldinger Loipen über den Froschsee antun. Dort gibt es längere, anstrengende Steigungen und auch entsprechend rasante Abfahrten. Und für die ganz große Tour kann man über Ruhpolding weiter Richtung Reit im Winkl über den Weitsee laufen.

Doch zurück nach Inzell. Eine gute Ergänzung zu winterlichen Outdooraktivitäten ist der Badepark Inzell an der Schwimmbadstraße neben der evangelischen Kirche mit dem Hallenbad und dem mediterranen Saunaparadies, wie es vielversprechend heißt. Dort kann man nicht nur in allen möglichen Varianten schwitzen, sondern sich auch massieren und bräunen lassen. Und ein weiterer Vorteil von Inzell ist die günstige Lage. Der Chiemsee, das Berchtesgadener Land oder Salzburg sind nicht weit entfernt. Nicht nur für Schlechtwettertage ein vielseitiges Ausflugsangebot.

Loipe Wildenmoos Eine sportliche, 3 Kilometer lange Rundloipe südwestlich von Inzell. Der Einstieg ist beim Parkplatz Schmelz an der Alpenstraße von Inzell nach Ruhpolding, die südlich von Inzell von der Bundesstraße B 306 abzweigt. Die Loipe führt vom Start nach Süden am Kienbergl entlang und macht eine lange Schleife nach Osten. Sie ist wegen ihrer Lage besonders schneesicher.

Filzenloipe Durch die Inzeller Filze nordwestlich des Ortes verläuft eine 6,5 Kilometer lange Rundstrecke, die überwiegend leicht ist und nur zwei mittlere Steigungen enthält. Man startet entweder beim Gasthof Neimoar in der Schmelzer Straße oder beim Gasthof Schwarzberg direkt an der Bundesstraße nördlich von Inzell. Die Loipe verläuft in mehreren weiten Bögen über das überwiegend flache Gelände. In der Nähe der Kesselalm-Lifte gibt es einen Anschluss in Richtung Froschsee und zu den Ruhpoldinger Loipen.

Breitmoos – Einsiedl Östlich von Inzell beginnt und endet die landschaftlich reizvolle und gut 7 Kilometer lange Rundstrecke. Parken und Einsteigen kann man beim Eisstadion. Die Loipe ist allenfalls mittelschwer mit zwei leichten Anstiegen und einem kurzen, etwas anstrengenden Anstieg nördlich des Eisstadions zwischen Hausmann und Falkensteinweg. Sie macht einen weiten Bogen bis Einsiedl St. Nikolaus und geht dann nach Norden bis Sterr, wo es einen Anschluss zur benachbarten Teisenberg-Loipe gibt. Zurück zum Eisstadion kommt man in Richtung Südwesten über Breitmoos und Würau.

Inzell: beliebter Ferienort im Chiemgau

35

Sulzbach-Loipe Ganz nah am Inzeller Ortsgebiet im Südwesten wird diese 4 Kilometer lange Rundloipe gespurt, die fast eben und einfach zu laufen ist. Park- und Einstiegsmöglichkeiten gibt es beim Café Fischer, an der Sulzbacher Straße sowie an der Froschseestraße. An der Schmelzer Straße ist ein Anschluss zur Filzen-Loipe möglich.

Teisenberg-Loipe Nordöstlich von Inzell im flachen Gelände neben der Alpenstraße befindet sich die 5,5 Kilometer lange Rundloipe, die überwiegend leicht zu laufen ist und nur von drei relativ einfachen Anstiegen unterbrochen wird. Empfehlenswerter Einstieg ist beim Badepark an der Schwimmbadstraße im Ortsteil Oed. Die Schwimmbadstraße zweigt direkt von der Alpenstraße ab. Von Oed geht es nach rechts in einem weiten Bogen bis Teisenberg und von dort weiter ein Stück nach Norden bis Hütterer. Dort macht die Loipe eine Linkskurve und führt weiter nach Süden über Ed und Reith zurück in Richtung Inzell und kommt schließlich wieder zum Startpunkt beim Badepark. Kurz vor Teisenberg in der Nähe von Sterr bietet sich rechts eine Verbindung zur Loipe Breitmoos – Einsiedl an.

Das flache Gelände rund um Inzell bietet leichte Loipen.

Skatingloipe am Wertstoffhof Eine ideale Trainingsloipe, die schräg gegenüber vom Eisstadion bei der Kreuzung der Alpenstraße mit der B 306 in Richtung Inzell angelegt ist. Der Kurs ist zwar nur etwa 1 Kilometer lang, aber mit seinem sportlichen Charakter durchaus anspruchsvoll. Und vor allem: Sie ist Dienstag-, Mittwoch- und Freitagabend jeweils beleuchtet. Also ideal für jemanden, der tagsüber noch nicht genügend geskatet ist oder für den nächsten Tag an seiner Technik feilen will.

Berchtesgadener Land

36

Schneesichere Höhenloipen vor Watzmann-Panorama

Lage: Das Berchtesgadener Land liegt im äußersten südöstlichen Winkel Deutschlands an der Grenze zu Österreich. Die Loipen sind verteilt auf die Region zwischen dem Taubensee bei der Ramsau und dem Grenzgebiet am Rossfeld.
Gesamtlänge: 75 km
Schwierigkeit: Leicht bis schwer
Kategorie: Klassisch und Skating
Anfahrt: *Auto:* Man erreicht das Berchtesgadener Land in drei Varianten. Zunächst fährt man auf der A 8 München – Salzburg in Richtung Salzburg. Entweder verlässt man die Autobahn bei der Ausfahrt Siegsdorf und fährt auf der Alpenstraße über Inzell bis Ramsau und Berchtesgaden, oder man nimmt die Ausfahrt Bad Reichenhall und fährt über Bad Reichenhall und Bischofswiesen in die Berchtesgadener Gegend. Am schnellsten kommt man ans Ziel üblicherweise auf der Autobahn über Salzburg-Süd und Marktschellenberg (Vignettenpflicht).
ÖV: Mit der Bahn geht es von München bis Freilassing. Dort umsteigen auf die Zugverbindung nach Berchtesgaden.
Start: Verschiedene Startplätze an den jeweiligen Loipen.
Skiverleih: Alpin-Skischule Berchtesgaden, Gasthof Auerwirt, 83471 Berchtesgaden, Tel.: 08652/668 73
Skischule Obersalzberg, Rossfeldstr. III, 83471 Berchtesgaden Obersalzberg, Tel.: 08652/ 94 87 87
Skischule Oberau, Rossfeldst. 34 83471 Berchtesgaden-Oberau, Tel.: 08652/6 68 73,
Skischule Schönau Kohlhiasl, Oberschönauerstraße, 83471 Schönau, Tel.: 08652/94 84 06
Einkehr/Übernachtung: Zahlreiche Gasthöfe und Hotels in Berchtesgaden, Schönau, Königssee und Ramsau
Information: Berchtesgadener Land Tourismus, Königsseer Str. 2, 83471 Berchtesgaden, Tel.: 08652/96 70, Internet: www.berchtesgadener-land.com

km 75 km

leicht bis schwer

Kein Wunder, dass einst der bayerische Hochadel im Berchtesgadener Land logierte. Die Bilderbuchlandschaft rund um den mächtigen Watzmann und den Königssee ist zwar keine Nobeldestination mehr, aber immer noch ein beliebtes Ziel für Wintersportler. Heutzutage geht es freilich eher ruhig zu. Es gibt fünf relativ überschaubare Skigebiete, von denen die Pisten am Jenner am sportlichsten sind, während am Götschen regelmäßig internationale Wettbewerbe stattfinden. Die Landschaft lädt natürlich auch zu anderen, eher sanften Wintersportarten ein. Es gibt zahlreiche Winterwanderwege und Rodelbahnen, die längste übrigens mit stolzen 7,5 Kilometer von Kühroint hinunter nach Schönau. Man kann Exkursionen in den Nationalpark unternehmen. Bei der Nationalpark-Infostelle am Hintersee werden geführte Wanderungen und Pferdeschlittenfahrten angeboten, auf denen die Besonderheiten der Tierwelt im Nationalpark erklärt werden.

36

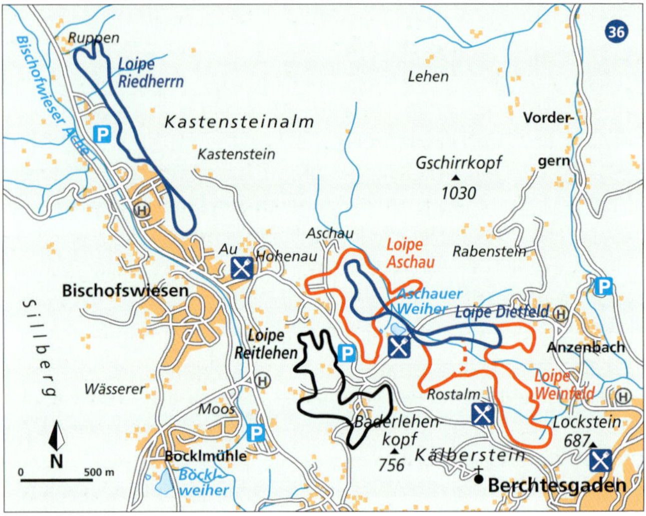

Reizvoll ist auch eine Wanderung am Königssee bis zum Malerwinkel, wo sich ein beeindruckender Ausblick auf den See und St. Bartholomä eröffnet. Beliebt ist ebenfalls das Eislaufen auf dem zugefrorenen See. Ein Geheimtipp ist der idyllische Hintersee in der Nähe von Ramsau, der besonders bei einheimischen Eisläufern und Eisstockschützen beliebt ist, die sich danach im malerischen Gasthof Auzinger treffen. Besonderen Nervenkitzel versprechen die Fahrten mit dem Rennbob-Taxi auf der Bob- und Rodelbahn am Königssee. Für Schlechtwettertage empfiehlt sich ein Ausflug in die Watzmanntherme in Berchtesgaden.

Beliebtes Postkartenmotiv: die Kirche in Ramsau

Langläufer finden im Berchtesgadener Land ein sehr abwechslungsreiches Angebot. Allerdings sind die Loipen relativ weit verstreut und teilweise etwas abgelegen. Besonders schneesicher sind die Höhenloipen am Scharitzkehl, am Hochschwarzeck sowie in Oberau und Scheffau.

Aschauerweiher Das größte Loipenangebot findet man am Naturbad Aschauerweiher bei Bischofswiesen. Direkt am Aschauerweiher ist ein Park-

36

platz, von dem aus man in die Loipen einsteigen kann. Es bieten sich insgesamt sechs verschiedene Varianten mit rund 20 Kilometer Länge an. Unmittelbar am Parkplatz startet die Loipe Aschau in zwei Versionen, einmal ein leichter, 2 Kilometer langer Rundkurs über das offene und flache Gelände sowie die 3,5 Kilometer lange mittelschwere Loipe, die einen weiteren Bogen bis zur Aschauerweiherstraße hin macht. Auf der anderen Straßenseite beginnt die Loipe Dietfeld ebenfalls in einer leichten und etwas anspruchsvolleren Variante über das Gelände, das an die Straße angrenzt. Man kann die Loipe Dietfeld dann mit der Loipe Weinfeld kombinieren, ein mittelschwerer, 5,5 Kilometer langer Rundkurs über Wiesen und durch den Wald, der unterwegs an der bewirtschafteten Rostalm vorbeikommt. Deutlich sportlicher und anstrengender ist die 4,5 Kilometer lange Loipe Reitlehen-Hochgart auf der Südseite der Aschauerstraße.

Riedherrn Neben der Bundesstraße B 20 bei Bischofswiesen verläuft dieser leichte, 4 Kilometer lange Rundkurs. Parkmöglichkeiten gibt es beim Sportstadion. Dort zieht die Loipe eine weite Schleife über das überwiegend offene Gelände an der Ostseite der Straße.

Schönau Drei leichte bis mittelschwere Loipen außerhalb des Zentrums von Schönau an der Oberschönauer Straße. Parkmöglichkeiten an der Straße beim Haus Bodnerlehen. Nach Süden verläuft in einem weiten Bogen auf dem offenen und flachen Gelände die

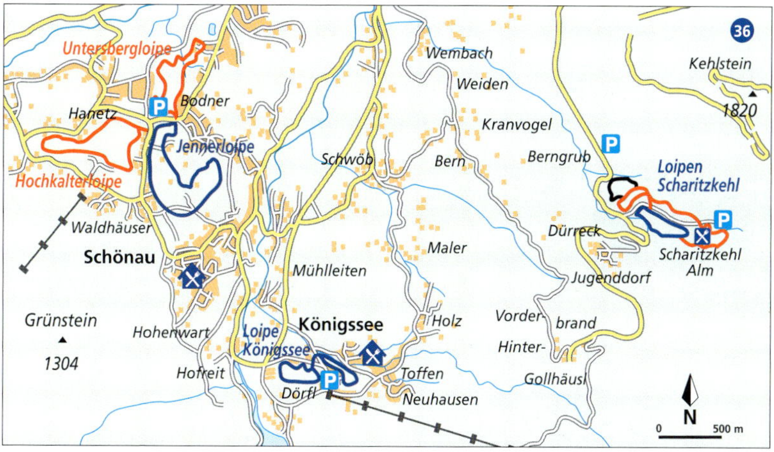

leichte, 3 Kilometer lange Jennerloipe. Nach Norden grenzt auf der gegenüberliegenden Straßenseite die 2,5 Kilometer lange, mittelschwere Untersbergloipe an. Und südwestlich davon beginnt an der Straße die 2 Kilometer lange und ebenfalls mittelschwere Hochkalterloipe, die praktisch neben der Straße bis zum Hotel Bärenstüberl führt, dort wendet und vorbei am Café Bründl zurück zum Ausgangspunkt kommt.

Vielseitige Loipen im Berchtesgadener Land

Hochschwarzeck Besonders schneesicher ist diese Höhenloipe direkt beim Skigebiet am Hochschwarzeck auf rund 1000 Meter Höhe. Das Skigebiet liegt nördlich von Ramsau oberhalb der Alpenstraße. Park- und Startmöglichkeiten entweder beim Parkplatz bei den Liften oder beim Gasthaus Schwarzeck. Ein leichter 2,5 Kilometer langer Rundkurs, der über das offene Gelände bis zum Waldrand und dann vorbei am Café Etterlehen und dem Hotel Nutzkaser zurückführt.

Taubensee Direkt an der Alpenstraße westlich von Ramsau liegen diese Loipen. Beim kleinen Taubensee an der Alpenstraße beginnen die überwiegend leichten bis mittelschweren Loipen neben der Alpenstraße und an der Straße zum Hintersee. Teils geht es über offenes Gelände, teils durch den Wald. Die längste Variante in Richtung Hintersee ist knapp 6 Kilometer lang. Ausgesprochen anspruchsvoll ist die Schleife nach Westen durch den Wald neben der Alpenstraße bis kurz vor das Gasthaus Wachterl.

36

Königssee Ein 3,5 Kilometer langer, leichter Rundkurs an der Talstation der Jennerbahn in Königssee. Parkmöglichkeiten gibt es auf dem großen Parkplatz am Königssee. Die Rundloipe verläuft in zwei großen Schleifen über die Wiesen neben der Jennerbahn.

Scharitzkehl Auf gut 1000 Meter Höhe ist dieser Rundkurs besonders schneesicher und dazu idyllisch gelegen. Man erreicht die Loipen vom Rossfeld auf der Scharitzkehlstraße nach Süden. Es gibt auch eine Busverbindung. Parkmöglichkeiten findet man an der abzweigenden Straße zur Scharitzkehlalm. Auf der Almwiese vor der Scharitzkehlalm gibt es einen leichten, bis zu 2 Kilometer langen Rundkurs. Dazu kann man noch auf mittelschweren und schweren Varianten einen weiteren Bogen durch den Wald machen.

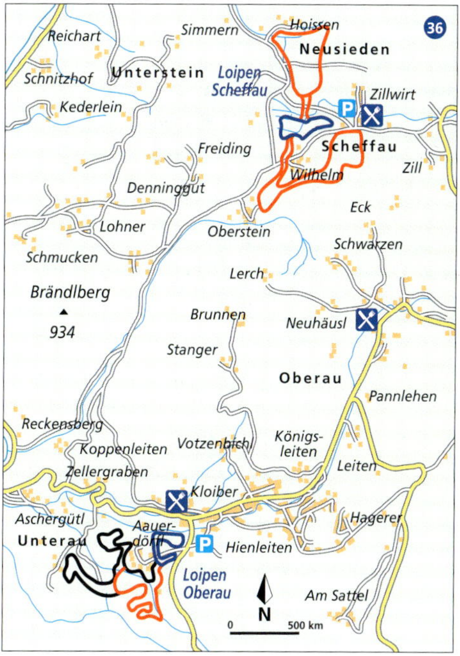

Scheffau Zwischen Marktschellenberg und Hallein auf der Salzburger Seite liegt die kleine Siedlung Scheffau. Wenige Meter vom alten Grenzübergang entfernt gibt es drei leichte bis mittelschwere Loipen im Scheffauer Moos. Nur wenige Meter von der Straße entfernt ist ein Parkplatz. Von dort geht es dann in die Loipe. Ein kurzer Rundkurs, der etwa 1 Kilometer lang und leicht ist und von dem jeweils nach Norden und Süden ein mittelschwerer Rundkurs abzweigt.

Oberau Auf der Straße von Berchtesgaden nach Hallein liegt diese kleine Siedlung. Die Höhenlage ist normalerweise Garant für gute Schneeverhältnisse. In der Nähe der Kirche bei der Abzweigung der Obersalzbergstraße sind die Auerdörfl-Loipen gespurt, die in mehreren, miteinander verbundenen Varianten leicht bis sportlich anspruchsvoll und insgesamt 9 Kilometer lang sind.

FILA
SWIX
SWIX

Impressum

Ein kostenloses Gesamtverzeichnis erhalten Sie beim
Bruckmann Verlag
D-81664 München

www.bruckmann.de
www.bergsteiger.de

Lektorat: Jutta Hemminger, München
Layout: BUCHFLINK Rüdiger Wagner, Nördlingen
Repro: Lana Repro, Lana
Kartografie: Anneli Nau, München
Herstellung: Thomas Fischer

Alle Angaben dieses Werkes wurden vom Autor sorgfältig recherchiert und auf den aktuellen Stand gebracht sowie vom Verlag geprüft. Für die Richtigkeit der Angaben kann jedoch keine Haftung übernommen werden. Für Hinweise und Anregungen sind wir jederzeit dankbar. Bitte richten Sie diese an:
Bruckmann Verlag
Lektorat
Innsbrucker Ring 15
D-81673 München
E-Mail: lektorat@bruckmann.de
Bildnachweis:
Titelbild: Langlauf aktiv (Österreich Werbung/Pigneter)
Umschlagrückseite: Walchsee (Foto: G. Weindl)
Alle Abbildungen stammen vom Autor, mit folgenden Ausnahmen: S. 1, 19, 29: Oberammergau Tourismus; S. 2, 37, 38: Ferienregion Mieminger Plateau & Fernpass-Seen; S. 6, 48: Achensee Tourismus; S. 3, 107, 110: Peter Petschko Werbung; S. 8, 10, 11, 12o., 12u.: Salomon; S. 9, 18: Atomic Austria, A-5541 Altenmarkt; S. 16, 17: Holmenkol Technologies; S. 23, 135, 136: Inzell Touristik; S. 24: Tourismusverband Reutte; S. 30, 32: Tourist-Information Garmisch-Partenkirchen; S. 40, 43: Informationsbüro Seefeld; S. 53: Klaus Knirk; S. 59: Archiv Tourist-Information Bad Tölz; S. 68: Gäste-Information Schliersee; S. 89: Tegernseer Tal Tourismus; S. 94: Touristinfo Ebbs; S. 96, 99: Markus Mitterer, Kitzbühel; S. 116, 119: Tourist-Information Reit im Winkl; S. 120, 122: Touristik-Information Schleching; S. 127: Tourist-Information Unterwössen; S. 138, 140: Ammon

Die Deutsche Bibliothek – CIP-Einheitsaufnahme
Ein Titeldatensatz für diese Publikation ist bei der Deutschen Bibliothek erhältlich.

Printed in Italy by Printer Trento S.r.l.
ISBN 3-7654-4119-8